Camping Île d'Elbe

Acquaviva - Portoferraio Elba N42 49.238 E10 17.267
Agri Orti di Mare - Lacona Elba N42 45.884 E10 18.556
Arrighi - Porto Azzurro N42 46.232 E10 24.445
Canapai - Ortano N42 47.654 E10 25.180
Casa Dei Prati - Lacona Elba N42 46.183 E10 18.460
Croce Del Sud - Capoliveri N42 44.002 E10 22.456
Da Mario - Porto Azzurro N42 46.227 E10 24.377
Del Mare - Campo nell'Elba N42 45.119 E10 14.663
Elbadoc - Cavo N42 51.217 E10 25.287
Enfola - Portoferraio N42 49.478 E10 16.228
Europa - Capoliveri N42 45.755 E10 21.531

Il Gabbiano - Porto Azzurro N42 46.342 E10 24.307
La Foce - Campo nell'Elba N42 44.974 E10 14.720
La Sorgente - Portoferraio N42 49.330 E10 16.846
Lacona Pineta - Lacona Elba N42 45.609 E10 18.919
Laconella - Lacona Elba N42 45.561 E10 17.881
Le Calanchiole - Capoliveri N42 45.486 E10 21.642
Le Sughere - Isola di Capraia N43 02.843 E9 50.032
Lido - Capoliveri N42 45.609 E10 21.382
Reale - Porto Azzurro N42 46.271 E10 24.935
Roclan S - Porto Azzurro N42 46.350 E10 24.356
Rosselba le Palme - Maggazzini N42 48.058 E10 21.889
Scaglieri - Portoferraio N42 48.212 E10 16.246
Sole E Mare - Nisporto N42 49.546 E10 22.832
Stella Mare -Capoliveri N42 45.422 E10 18.805
Tallinucci - Lacona Elba N42 45.664 E10 18.015
Valle Santa Maria - Lacona Elba N42 45.653 E10 18.121
Ville degli Ulivi - Campo nell'Elba N42 45.118 E10 14.695

Campings autour Piombina

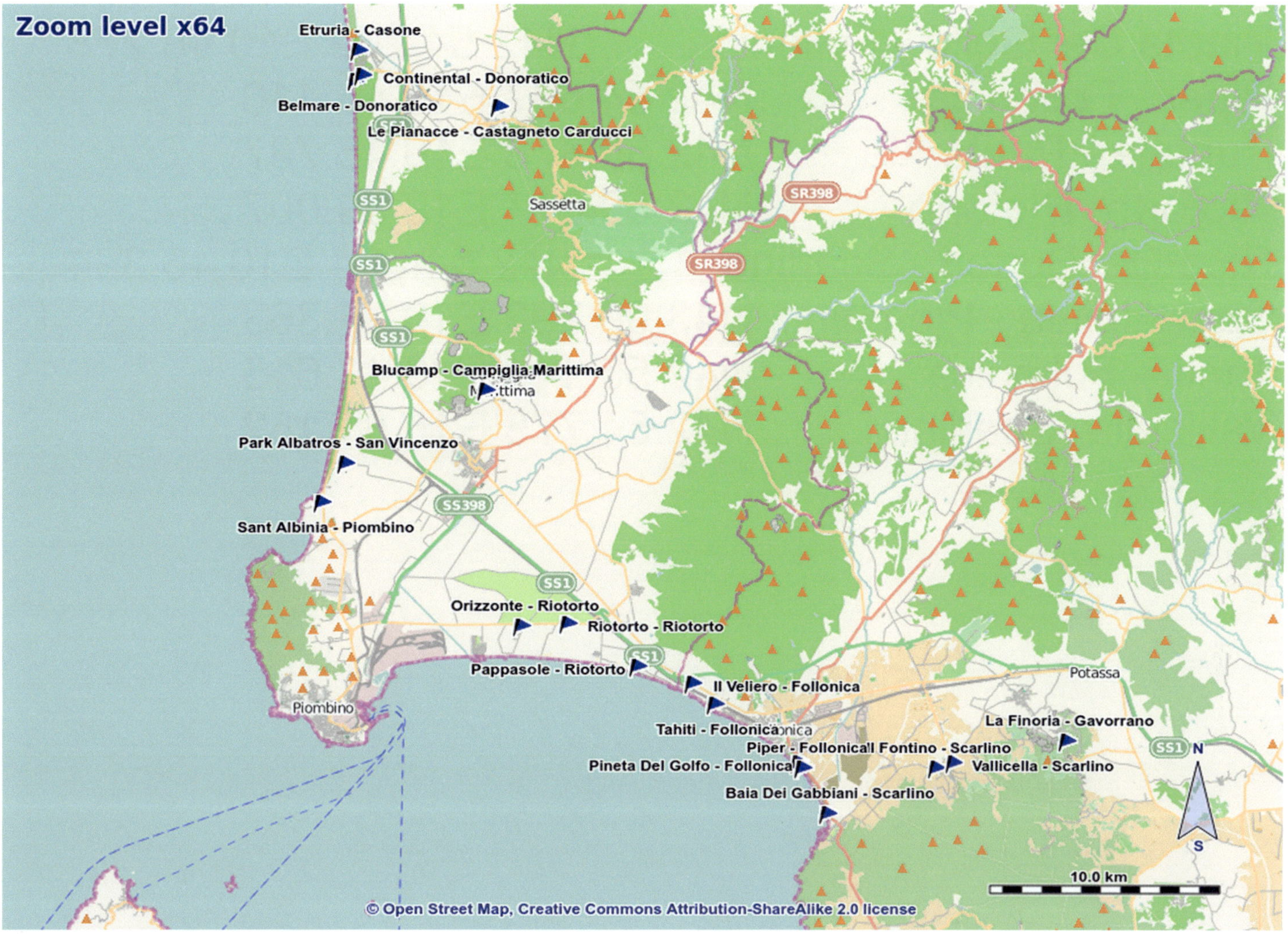

Baia Dei Gabbiani - Scarlino N42 53.585 E10 47.150
Baia Verde - Punta Ala N42 50.030 E10 46.788
Belmare - Donoratico N43 10.544 E10 32.414
Blucamp - Campiglia Marittima N43 03.389 E10 36.449
Continental - Donoratico N43 10.670 E10 32.606
Etruria - Casone N43 11.252 E10 32.498
Il Fontino - Scarlino N42 54.667 E10 50.592
Il Veliero - Follonica N42 56.603 E10 42.913
La Finoria - Gavorrano N42 55.283 E10 54.750
Le Pianacce - Castagneto N43 09.955 E10 36.864

Orizzonte - Riotorto	N42 57.932 E10 37.563
Pappasole - Riotorto	N42 57.017 E10 41.211
Park Albatros - San Vincenzo	N43 01.694 E10 32.078
Pineta Del Golfo - Follonica	N42 54.762 E10 46.278
Piper - Follonica	N42 54.667 E10 46.410
Puntala - Punta Ala	N42 50.473 E10 46.787
Riotorto -Riotorto	N42 58.017 E10 39.007
Riva Dei Butteri - Scarlino	N42 54.664 E10 46.394
Sant Albinia - Piombino	N43 00.793 E10 31.363
Tahiti - Follonica	N42 56.144 E10 43.615
Vallicella -Scarlino	N42 54.775 E10 51.152

Campings autour Monte Pulciano

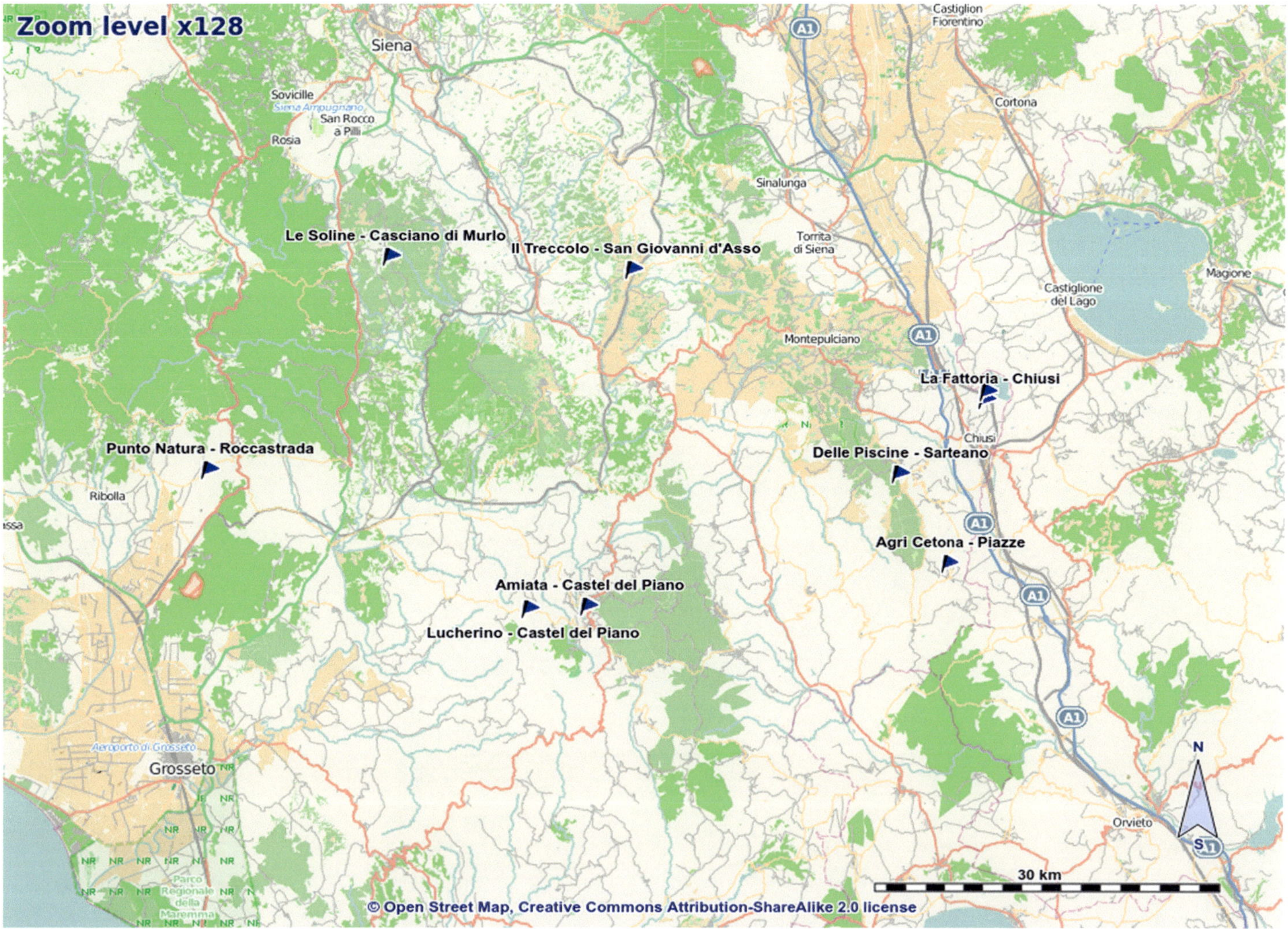

Agri Cetona - Piazze	N42 55.091 E11 54.916
Amiata - Castel del Piano	N42 53.060 E11 32.195
Delle Piscine - Sarteano	N42 59.228 E11 51.841
Il Treccolo - San Giovanni d'Asso	N43 08.713 E11 34.973
La Fattoria - Chiusi	N43 02.645 E11 57.340
Le Soline - Casciano di Murlo	N43 09.310 E11 19.910
Lucherino - Castel del Piano	N42 52.937 E11 28.595
Pesce d'Oro - Chiusi	N43 03.054 E11 57.420
Punto Natura - Roccastrada	N42 59.417 E11 08.519

Campings autour Lago Trasimeno

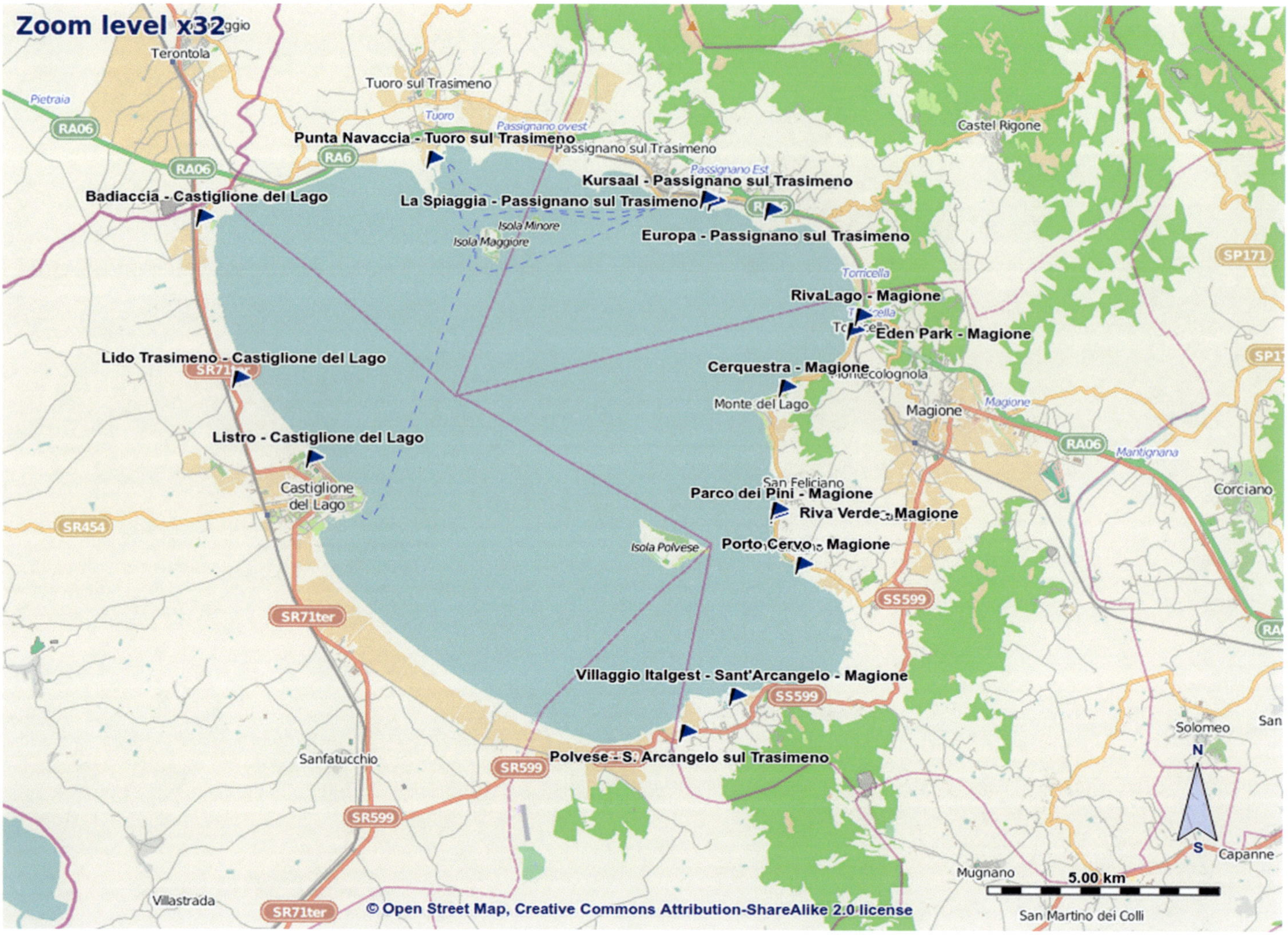

Badiaccia - Castiglione del Lago N43 10.828 E12 00.964
Cerquestra - Magione N43 08.862 E12 10.136
Eden Park - Magione N43 09.528 E12 11.198
Europa - Passignano N43 10.906 E12 09.911
Kursaal - Passignano N43 11.020 E12 09.027
La Spiaggia - Passignano N43 11.042 E12 08.912
Lido Trasimeno - Castiglione N43 08.960 E12 01.529
Listro - Castiglione del Lago N43 08.041 E12 02.680
Parco dei Pini - Magione N43 07.409 E12 10.008
Polvese -S. Arcangelo N43 04.887 E12 08.588

Porto Cervo - Magione N43 06.830 E12 10.401
Punta Navaccia - Tuoro N43 11.500 E12 04.577
Riva Verde - Magione N43 07.453 E12 10.020
RivaLago - Magione N43 09.694 E12 11.317
Villaggio Italgest -Sant'Arcangelo N43 05.301 E12 09.378

Campings autour Assisi

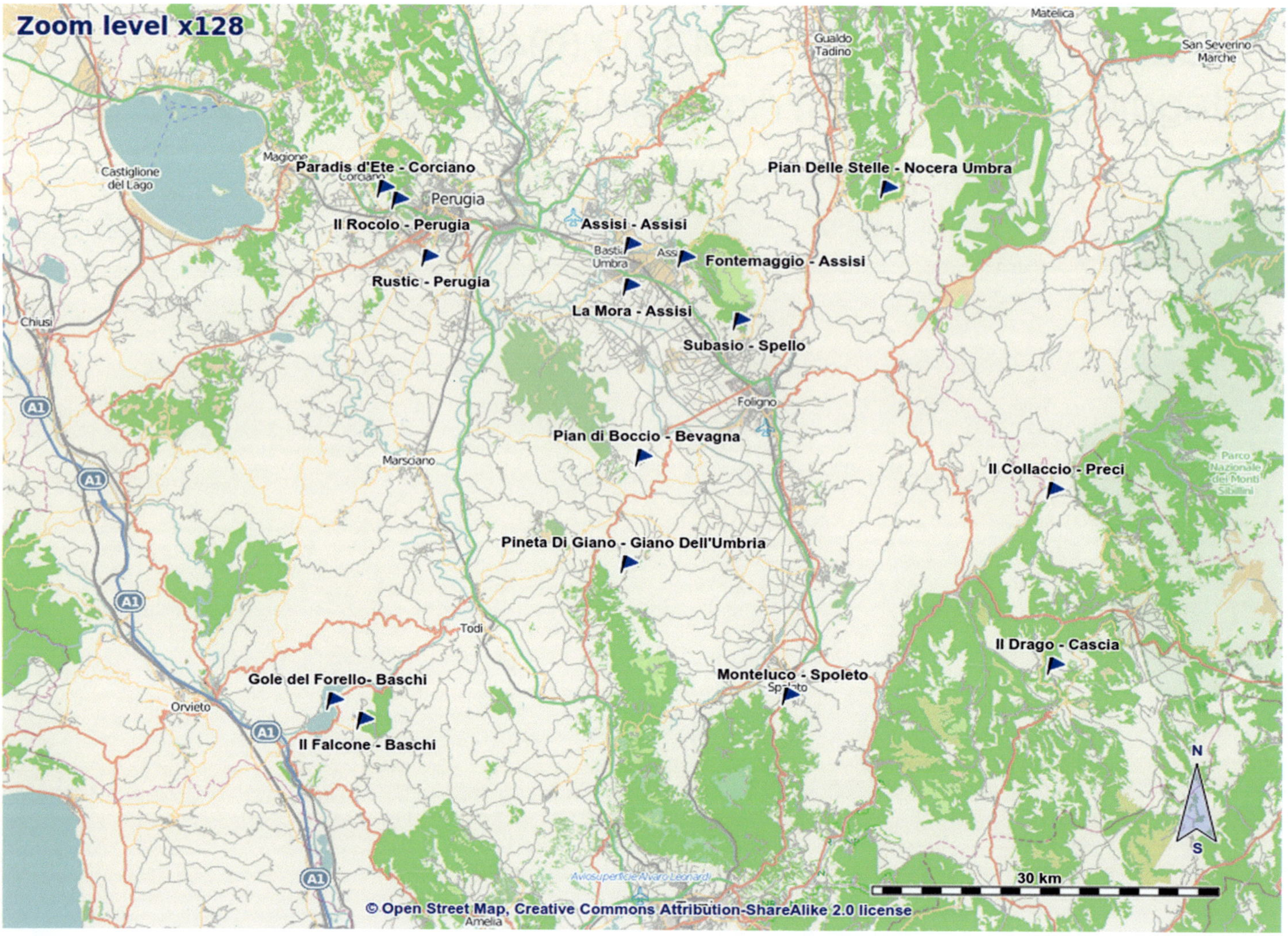

Assisi - Assisi N43 04.566 E12 34.388
Fontemaggio - Assisi N43 03.963 E12 37.834
Gole del Forello- Baschi N42 43.351 E12 15.657
Il Collaccio - Preci N42 53.280 E13 00.878
Il Drago - Cascia N42 45.133 E13 00.940
Il Falcone - Baschi N42 42.433 E12 17.520
Il Rocolo - Perugia N43 06.616 E12 19.639
La Mora - Assisi N43 02.631 E12 34.337
Monteluco - Spoleto N42 43.652 E12 44.377
Paradis d'Ete - Corciano N43 07.132 E12 18.751
Pian Delle Stelle - Nocera N43 07.201 E12 50.378

Pian di Boccio - Bevagna N42 54.733 E12 35.147
Pineta Di Giano - Giano N42 49.781 E12 34.297
Rustic - Perugia N43 03.955 E12 21.536
Subasio - Spello N43 01.049 E12 41.272

Campings autour Tolentino

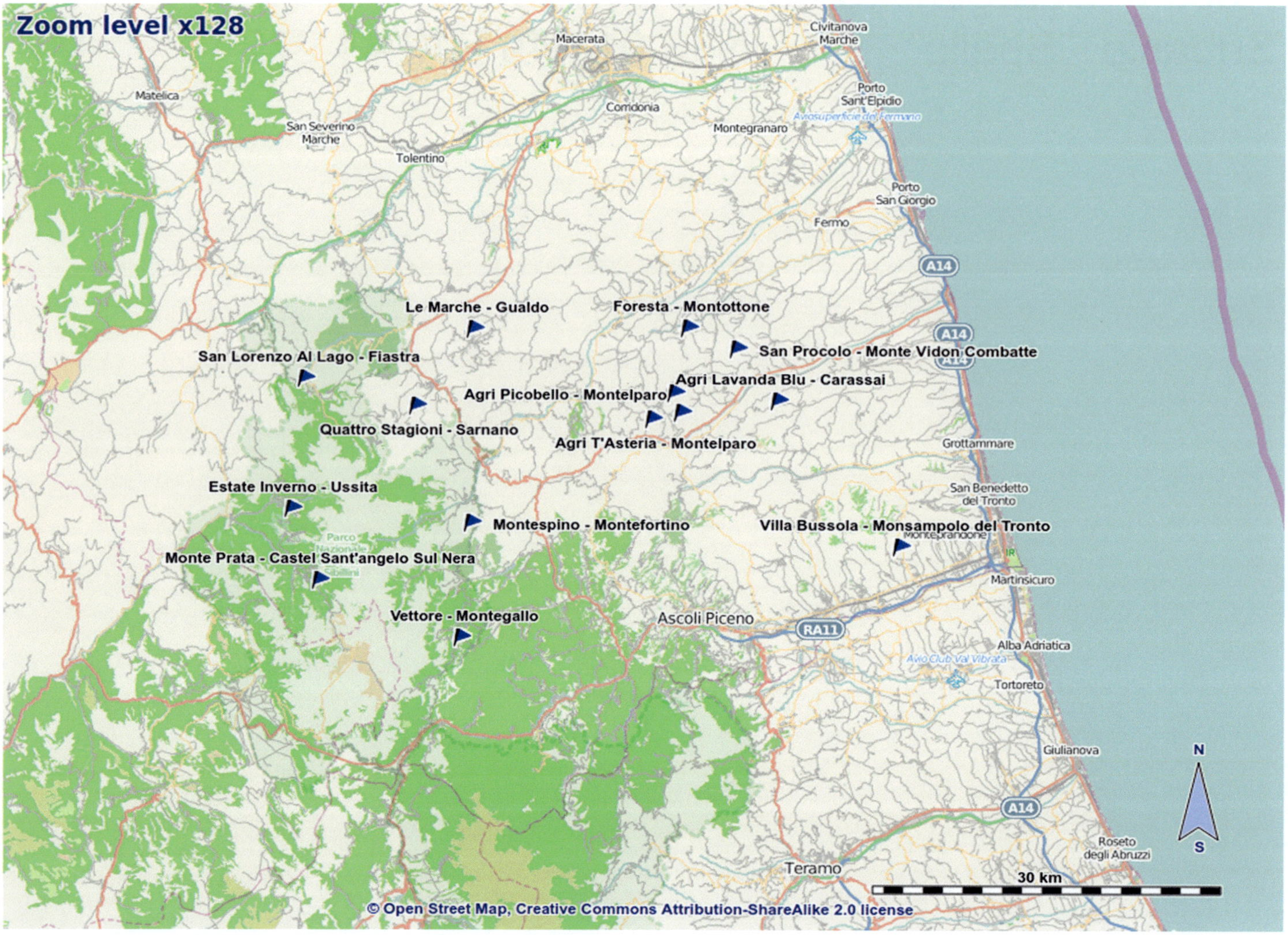

Agri Lavanda Blu - Carassai	N43 01.274 E13 39.762
Agri Picobello - Montelparo	N43 01.639 E13 33.374
Agri Sopra e Sotto - Montelparo	N43 00.735 E13 33.782
Agri T'Asteria - Montelparo	N43 00.446 E13 31.923
Estate Inverno - Ussita	N42 56.276 E13 09.090
Foresta - Montottone	N43 04.650 E13 34.133
Le Marche - Gualdo	N43 04.624 E13 20.674
Monte Prata - Castel Sant'angelo	N42 52.975 E13 10.868
Montespino - Montefortino	N42 55.633 E13 20.516
Quattro Stagioni - Sarnano	N43 01.069 E13 16.907
San Lorenzo Al Lago - Fiastra	N43 02.323 E13 09.936

San Procolo - Monte Vidon N43 03.728 E13 37.172
Vettore - Montegallo N42 50.348 E13 19.860
Villa Bussola - Monsampolo N42 54.568 E13 47.393

Campings autour Lago Bolsena

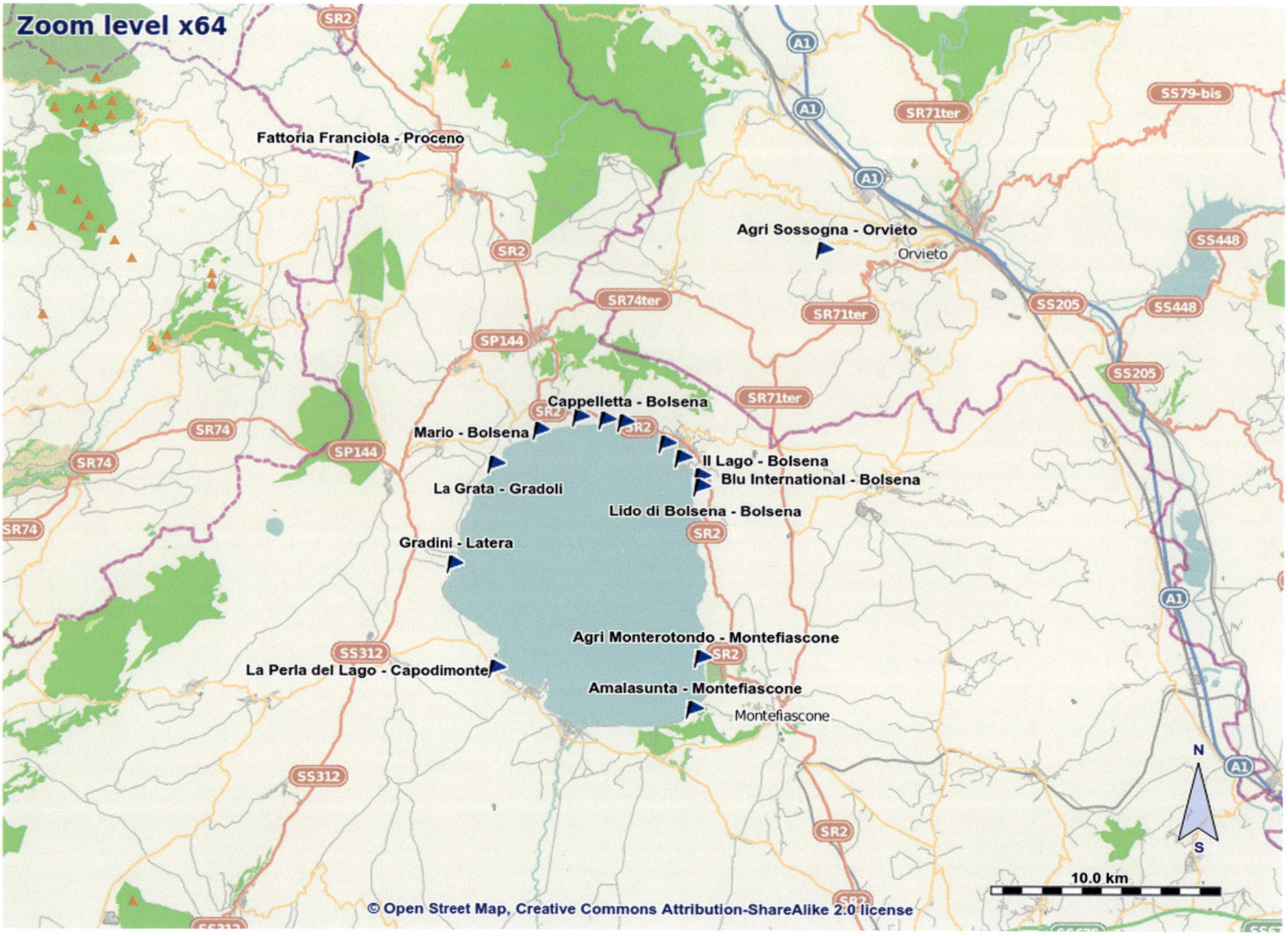

Agri Monterotondo - Montefiascone N42 33.650 E11 59.717
Agri Sossogna - Orvieto N42 43.152 E12 03.475
Amalasunta - Montefiascone N42 32.454 E11 59.431
Blu International - Bolsena N42 37.872 E11 59.672
Cappelletta - Bolsena N42 39.116 E11 57.248
Fattoria Franciola - Proceno N42 45.232 E11 48.868
Gradini - Latera N42 35.833 E11 51.883
Il Lago - Bolsena N42 38.318 E11 59.078
La Grata - Gradoli N42 38.150 E11 53.195
La Perla del Lago - Capodimonte N42 33.392 E11 53.230
La Pineta - Bolsena N42 38.649 E11 58.574

Lido di Bolsena - Bolsena N42 37.633 E11 59.666
Mario - Bolsena N42 38.937 E11 54.581
Massimo - Bolsena N42 39.183 E11 56.680
Valdisole - Bolsena N42 39.243 E11 55.871

Campings autour Rom

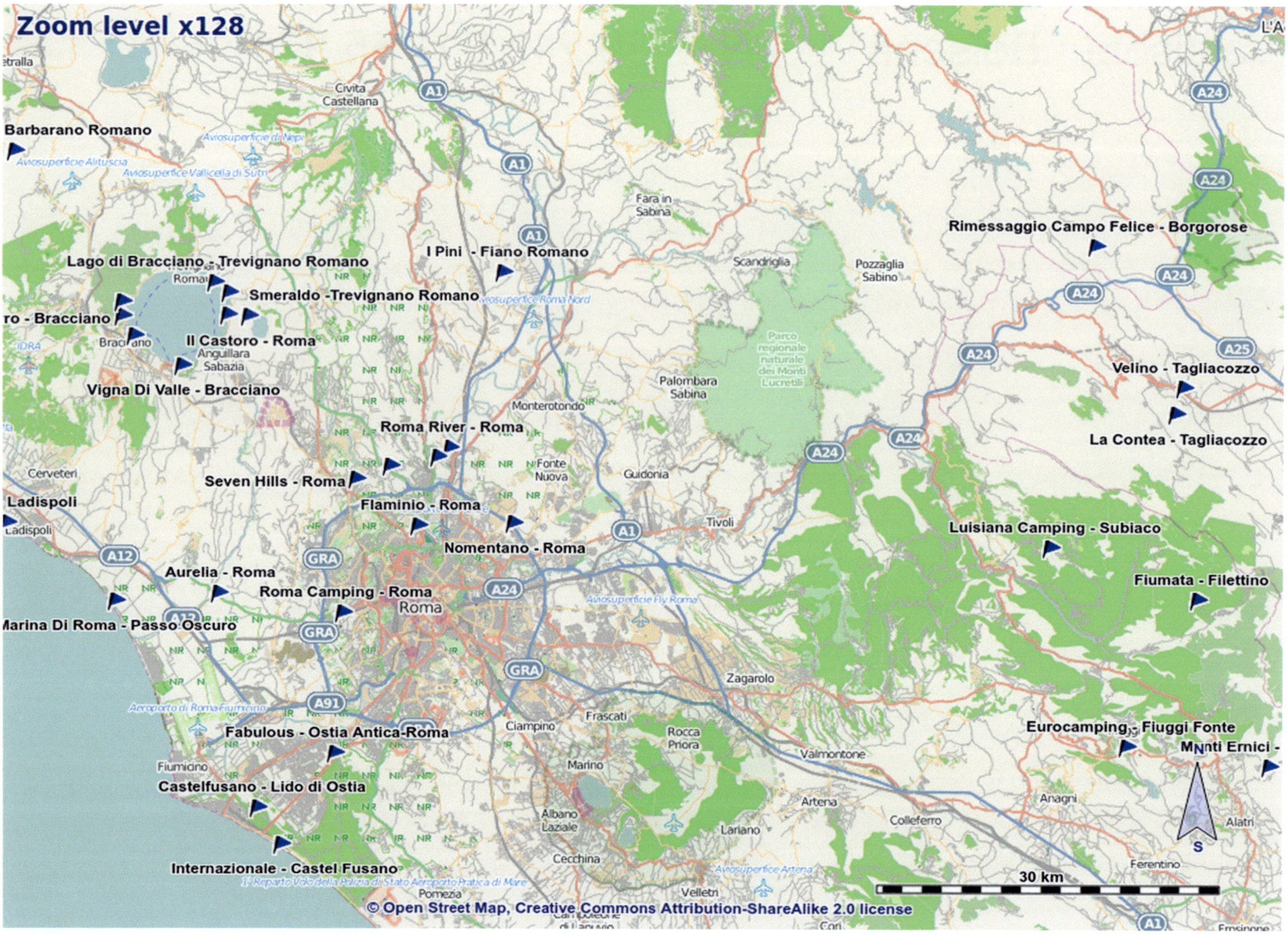

Aurelia - Roma N41 54.174 E12 16.416
Azzurro - Bracciano N42 07.209 E12 10.433
Capitello - Otricolli Terni N42 24.558 E12 27.752
Casa di Lindir - Barbarano N42 14.970 E12 03.775
Castelfusano - Lido di Ostia N41 44.088 E12 18.898
Cuore Verde - Piediluco N42 32.093 E12 46.327
Eurocamping - Fiuggi Fonte N41 47.024 E13 13.513
Fabulous - Ostia Antica-Roma N41 46.644 E12 23.758
Fiumata - Filettino N41 53.922 E13 17.988
Flaminio - Roma N41 57.368 E12 28.946
Happy - Roma N42 00.199 E12 27.184

I Pini - Fiano Romano N42 09.326 E12 34.385
I Prati - Stroncone N42 28.880 E12 42.956
Il Castoro - Roma N42 07.228 E12 18.334
Internazionale - Castel Fusano N41 42.350 E12 20.391
La Contea - Tagliacozzo N42 02.739 E13 16.589
Lago di Bracciano - Trevignano N42 08.798 E12 16.153
Luisiana Camping - Subiaco N41 56.418 E13 08.736
Marina Di Roma - Passo N41 53.843 E12 10.024
Marmore - Terni N42 32.884 E12 43.150
Monti del Sole - Borgheria N42 29.073 E12 30.908
Monti Ernici - Collepardo N41 46.092 E13 22.529
Nomentano - Roma N41 57.517 E12 35.045
Parco del Lago - Anguillara N42 07.309 E12 17.036
Porticciolo - Bracciano N42 06.308 E12 11.152
Queen - Ladispoli N41 57.524 E12 03.277
Rimessaggio Campo Felice N42 10.612 E13 11.555
Roma Camping - Roma N41 53.248 E12 24.270
Roma Flash - Bracciano N42 07.895 E12 10.421
Roma River - Roma N42 01.067 E12 31.016
Seven Hills - Roma N41 59.596 E12 25.072
Smeraldo -Trevignano Romano N42 08.327 E12 17.073
Tiber - Roma N42 00.607 E12 30.203
Velino - Tagliacozzo N42 03.916 E13 17.033
Vigna Di Valle - Bracciano N42 04.893 E12 14.101

Campings autour Sulmona

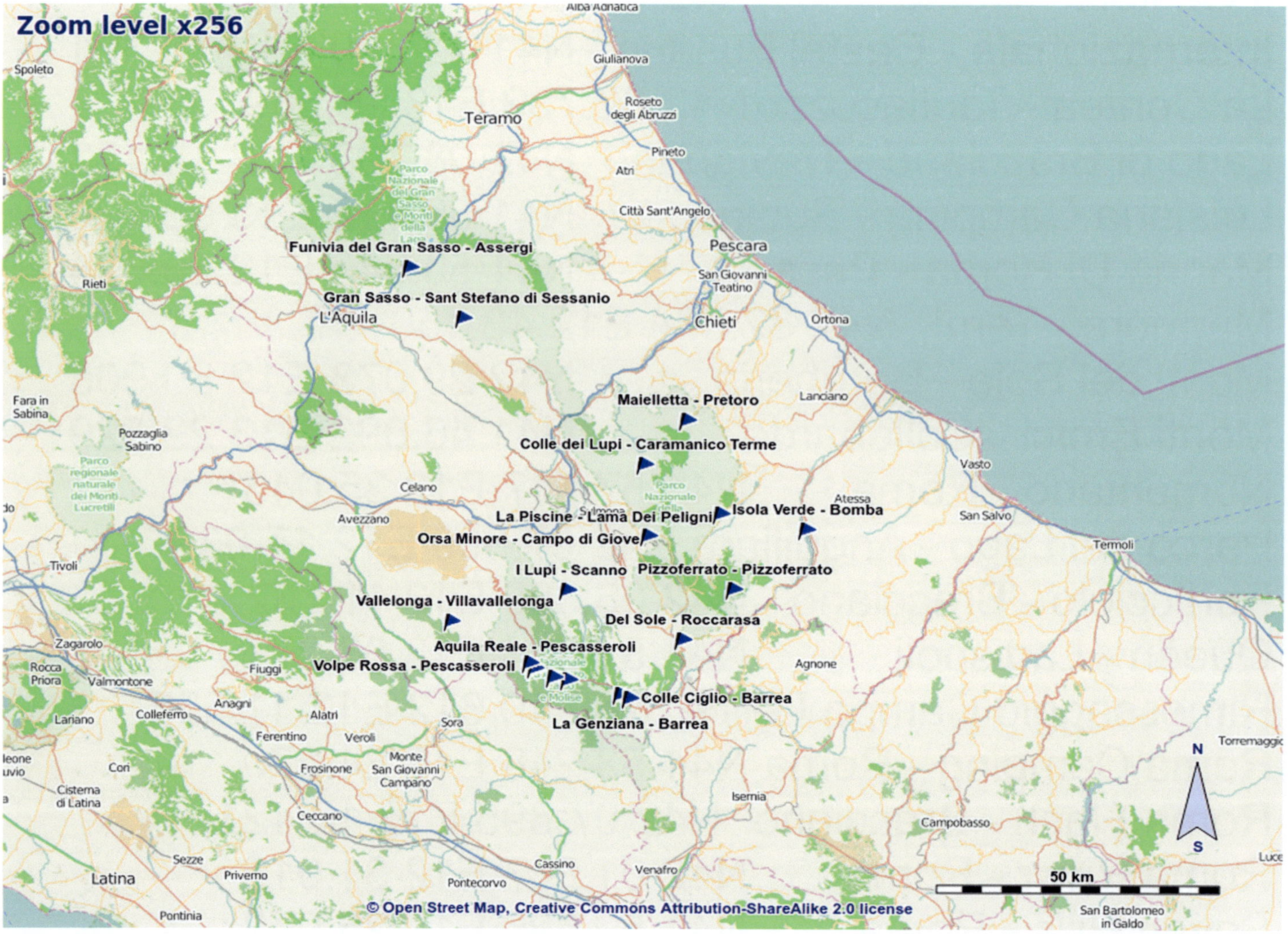

Aquila Reale - Pescasseroli N41 48.050 E13 47.366
Colle Ciglio - Barrea N41 45.457 E13 58.402
Colle dei Lupi - Caramanico N42 07.060 E14 01.376
Del Sole - Roccarasa N41 50.516 E14 06.167
Dell Orso - Pescasseroli N41 47.778 E13 47.492
Funivia del Gran Sasso - Assergi N42 25.521 E13 31.568
Gran Sasso - Sant Stefano N42 20.813 E13 38.388
I Lupi - Scanno N41 55.179 E13 51.529
Il Vecchio Mulino - Opi N41 46.743 E13 51.782
Isola Verde - Bomba N42 01.042 E14 21.637
La Genziana - Barrea N41 44.996 E13 59.506

La Piscine - Lama Dei Peligni N42 02.491 E14 10.942
Le Foci - Opi N41 47.035 E13 49.939
Maielletta - Pretoro N42 11.311 E14 06.554
Orsa Minore - Campo di Giove N42 00.442 E14 01.839
Pizzoferrato - Pizzoferrato N41 55.396 E14 12.597
Sant Andrea - Pescasseroli N41 47.913 E13 47.426
Vallelonga - Villavallelonga N41 52.348 E13 36.941
Volpe Rossa - Pescasseroli N41 48.403 E13 46.784

Campings autour Grosseto

Baia Azzurra - Castiglione N42 46.697 E10 47.726
Cieloverde - Marina di Grosseto N42 42.822 E11 00.520
Eden - Marina di Grosseto N42 43.600 E10 58.684
Il Sole - Marina di Grosseto N42 42.991 E10 59.653
Internazionale Etruria - Grosseto N42 45.527 E10 54.146
Le Marze - Marina di Grosseto N42 44.692 E10 56.760
Maremma Sans Souci - Riva N42 46.419 E10 50.651
Principina - Grosseto N42 42.248 E11 00.321
Rocchette - Rocchette N42 46.758 E10 48.070
Rosmarina - Marina di Grosseto N42 43.580 E10 58.366
Santapomata - Rocchette N42 46.615 E10 48.584

Stella del Mare - Castiglione N42 46.619 E10 47.558

Campings autour Porto San Stefano

Acapulco - Magliano N42 32.258 E11 10.913
Africa - Albinia N42 31.726 E11 11.256
Argentario - Albinia N42 29.774 E11 11.647
Baia Del Sole - Giglio Campese N42 22.394 E10 53.003
Bocche d Albegna - Albinia N42 30.000 E11 11.650
Campeggio di Capalbio - Capalbio N42 25.457 E11 23.353
Campo Regio - Albinia N42 32.007 E11 11.114
Capalbio - Capalbio N42 22.852 E11 26.796
Costa d'Argento - Capalbio N42 24.925 E11 20.553
Degli Amici - Pescia Romana N42 22.036 E11 29.309
Feniglia - Porto Ercole N42 24.590 E11 12.572

Hawaii - Albinia N42 32.096 E11 11.073
Ideal - Albinia N42 32.731 E11 10.621
Il Gabbiano - Magliano N42 31.953 E11 11.150
La Costa - Orbetello N42 27.412 E11 10.964
Marina Chiara - Orbetello N42 27.692 E11 14.723
Oasi - Magliano N42 31.162 E11 11.537
Orbetello - Orbetello N42 27.793 E11 11.149
Talamone - Talamone N42 33.897 E11 08.370
Voltoncino - Magliano N42 31.664 E11 11.309

Campings autour Montalto

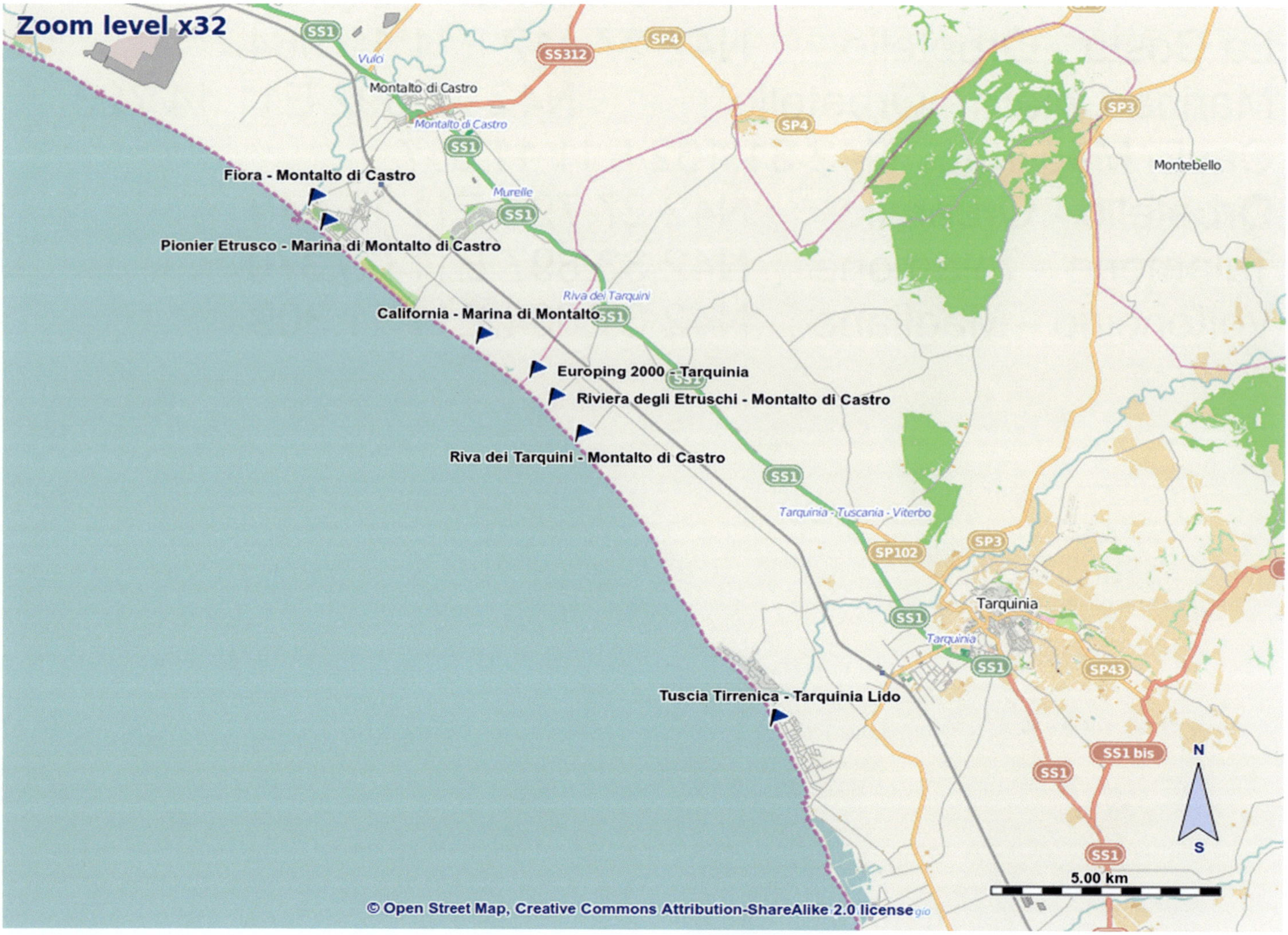

California - Marina di Montalto N42 18.306 E11 37.362
Europing 2000 - Tarquinia N42 17.898 E11 38.188
Fiora - Montalto di Castro N42 19.916 E11 34.717
Pionier Etrusco - Marina Montalto N42 19.624 E11 34.893
Riva dei Tarquini - Montalto N42 17.157 E11 38.924
Riviera degli Etruschi - Montalto N42 17.584 E11 38.500
Traiano - Civitavecchia N42 08.952 E11 44.726
Tuscia Tirrenica - Tarquinia Lido N42 13.836 E11 41.995

Campings autour Nettuno

Ai Tucul - Aprilia N41 32.411 E12 33.190
California - Ardea N41 34.544 E12 32.459
Folignano - Latina N41 24.391 E12 52.252
Il Delfino-Al Mare - Ardea N41 37.116 E12 28.537
Internazionale Lido Dei Pini N41 32.009 E12 33.926
Isola Verde - Nettuno N41 30.539 E12 39.637
Lido Delle Ginestre - Anzio N41 31.886 E12 33.703
Marelago Lilanda - Sabaudia N41 16.114 E13 01.729
Onda - Ardea N41 33.913 E12 31.595
Piccolo Le Capanne - Aprilia N41 32.492 E12 32.948
Pontino - Latina N41 24.427 E12 52.159

Poseidon - Latina N41 24.883 E12 48.683
Rio Martino - Pontinia N41 24.388 E12 59.175
Sabaudia - Sabaudia N41 18.950 E13 00.000
Sant Andrea - Sabaudia N41 19.058 E13 01.018
Seven Star - Latina N41 25.144 E12 51.106
Sole Azzurro - Latina N41 24.727 E12 51.320
Stella Mare - Latina N41 24.693 E12 51.394
Sunset - Aprilia N41 31.517 E12 38.083
Tirreno - Latina N41 24.757 E12 51.186

Campings autour Sperlonga

Ain El Gazala - Terracina N41 17.617 E13 20.674

Anxur-Gestcamp - Fondi N41 20.134 E13 24.583

Badino - Terracina N41 16.906 E13 11.773

Baia - Gaeta N41 13.921 E13 29.762

Barchi - Terracina N41 17.900 E13 16.885

Blue Camping - Terracina N41 17.291 E13 13.693

Blumen - Terracina N41 17.825 E13 16.327

Cajetas - Gaeta N41 13.531 E13 31.198

Circeo - San Felice Circero N41 16.269 E13 08.891

Costazzurra - Terracina N41 17.757 E13 16.071

Dream - Terracina N41 16.946 E13 11.857

Eden - Terracina N41 17.832 E13 18.208
Europa - Terracina N41 17.905 E13 16.737
Hippocampus - Terracina N41 17.798 E13 18.485
Holiday - Terracina N41 17.308 E13 21.322
Il Gabbiano - Terracina N41 17.131 E13 22.127
Il Pino - Terracina N41 17.695 E13 20.285
La Galiffa - Sperlonga N41 16.250 E13 24.373
Le Dune - Sperlonga N41 16.949 E13 22.763
Le Palme - Terracina N41 17.093 E13 15.052
Marina Di Ulisse - Terracina N41 17.000 E13 11.066
Mediterraneo Lido - Terracina N41 17.750 E13 18.797
Nord Sud - Sperlonga N41 15.304 E13 26.767
Orange - Terracina N41 17.500 E13 22.117
Primavera - Terracina N41 17.319 E13 22.097
Riviera Di Gaeta - Gaeta N41 13.852 E13 29.876
Romantico - Terracina N41 17.896 E13 16.877
Sabbia D Oro - Terracina N41 17.002 E13 11.116
Sant Anastasia - Terracina N41 17.458 E13 20.540
Settebello -†Salto di Fondi N41 17.713 E13 19.179
Torre Canneto - Terracina N41 17.950 E13 17.007

Campings Golfo di Gaetei

Arizona - Minturno N41 14.435 E13 44.415
Azzurro - Minturno N41 13.813 E13 45.182
Baia Domizia - Cellole N41 12.434 E13 47.479
Gianola - Scauri N41 15.368 E13 40.307
Golden Garden - Minturno N41 13.730 E13 45.302
Il Girasole - Minturno N41 14.768 E13 43.702
La Foce - Scauri N41 15.295 E13 40.122
Marina - Minturno N41 13.733 E13 45.309
Pineta La Foce - Baia Domizia N41 13.325 E13 45.917
Porticciolo Romano - Scauri N41 14.982 E13 40.541
Santojanni - Formia N41 15.767 E13 39.416

Splendid Park - Mondragone N41 08.701 E13 51.196

Campings Golfo di Napoli

Averno - Pozzuoli N40 50.472 E14 05.218
Beata Solitudo - San Lazzaro N40 37.584 E14 33.740
Bluegreen - Meta N40 38.513 E14 24.340
Ciraccio - Procida Isola N40 45.459 E14 00.701
Conca Azzurra - Massa Lubrens N40 37.153 E14 20.725
Gabbiano - Procida N40 45.466 E14 00.559
I Pini - Meta N40 38.132 E14 25.053
Ideal - Lido di Licola N40 52.586 E14 02.912
International - Parco Mazzola N40 54.984 E14 01.723
Mirage - Ischia N40 42.082 E13 54.808
Nettuno - Marina del Cantone N40 34.991 E14 21.246

Nube d' Argento - Sorrento N40 37.525 E14 21.935
Partenope - Parco Mazzola N40 54.001 E14 02.251
Pineta Varca d'Oro - Giugliano N40 53.954 E14 02.033
Pompei - Pompei N40 44.799 E14 29.095
Punta Serra - Procida Isola N40 45.649 E14 00.614
Riposo - Meta N40 38.366 E14 24.445
Sant'Antonio - Vico Equense N40 39.582 E14 25.094
Sea Mare - Sorrento N40 37.025 E14 25.706
Seiano Spiaggia - Vico Equense N40 39.612 E14 25.202
Spartacus - Pompei N40 44.806 E14 29.036
Syrenuse - Marina del Cantone N40 35.090 E14 21.544
Villaggio Santa Fortunata N40 37.637 E14 21.445
Villaggio Turistico Azzurro - Seiano N40 39.593 E14 25.304
Vivara - L'Olmo N40 45.319 E14 01.045
Vulcano Solfatara - Pozzuoli N40 49.668 E14 08.136
Zeus - Pompei N40 44.951 E14 28.860

Campings Golfo di Salerno

Apollo - Paestum N40 24.998 E14 59.467

Athena - Paestum N40 25.727 E14 58.921

Baia dei Delfini - Battipaglia N40 34.117 E14 53.584

Central - Battipaglia N40 33.598 E14 54.026

Cigno - Battipaglia N40 33.998 E14 53.726

Dei Pini - Paestum N40 24.812 E14 59.518

Desiderio - Paestum N40 27.659 E14 57.751

Fior d'Arancio- Pontecagnano N40 39.199 E14 54.323

Il Principe - Battipaglia N40 34.642 E14 53.228

Isola Verde - Pontecagnano N40 35.035 E14 53.031

La Foce dei Tramonti - Foco N40 28.829 E14 56.715

La Giara - Paestum N40 24.704 E14 59.675
Lido Di Salerno - Pontecagnano N40 37.771 E14 53.393
Lido Mediterraneo - Battipaglia N40 33.221 E14 54.190
Lido Miramare- Battipaglia N40 33.647 E14 53.987
Maldive First Class - Battipaglia N40 33.528 E14 54.066
Mare Pineta - Paestum N40 25.333 E14 59.267
Montelago - Castellabate N40 18.551 E14 56.876
Nettuno - Paestum N40 26.835 E14 58.134
Paestum - Eboli-Mare N40 29.548 E14 56.527
Paradise - Battipaglia N40 33.747 E14 53.917
Paradiso - Paestum N40 23.763 E14 59.974
Poseidonia - Paestum N40 25.055 E14 59.438
Raggio Verde - Paestum N40 25.337 E14 59.162
Rubinya - Pontecagnano Faiano N40 37.015 E14 51.503
Selva - Agropoli N40 20.920 E14 59.198
Serrone - Castellabate N40 17.864 E14 57.584
Silvia - Castellabate N40 18.184 E14 57.000
Sporting Soleado - Ogliastro N40 14.100 E14 57.250
Torino- Paestum N40 23.017 E15 00.134
Trezene - Castellabate N40 18.309 E14 56.941
Ulisse - Paestum N40 25.664 E14 58.946
Zeus - Paestum N40 23.969 E14 59.848

Campings autour Palinuro

Arco Naturale - Palinuro N40 02.145 E15 18.397
Capo Grosso - Marina di Camerota N40 00.098 E15 21.453
Costa Del Mito - Pisciotta N40 05.213 E15 15.492
Del Verde - Centola N40 03.100 E15 17.750
Dell Isola - Marina di Camerota N40 00.127 E15 21.722
Delle Sirene -Marina di Camerota N40 00.169 E15 21.854
Green Village - Camerota N40 00.475 E15 21.239
La Primula - Caprioli N40 05.047 E15 15.931
La Serra - Ascea N40 09.537 E15 09.133
La Siesta - Marina di Camerota N40 00.389 E15 21.306

Le Palme - Ascea N40 08.927 E15 09.785
Mingardo - Palinuro N40 01.933 E15 18.760
Nessuno - Camerota N40 01.560 E15 19.597
Odissea - Camerota N40 01.526 E15 19.628
Pietra Grigia - Marina di Camerota N40 00.051 E15 21.758
Pineta - Marina di Camerota N40 01.846 E15 19.272
Romaniello - Marina di Camerota N40 00.133 E15 21.644
Romano - Marina di Camerota N40 00.008 E15 23.204
Torre Di Velia - Ascea N40 08.467 E15 10.955
Villaggio Marbella Club - Palinuro N40 02.257 E15 18.577
Villamarina - Camerota N40 00.095 E15 21.591

Campings Golfo di Policastro

Acapulco - Santa Maria Li Piani N40 04.837 E15 34.767
Europa Unita - Capitello N40 04.733 E15 34.550
Golden Sea - Santa Maria N39 45.172 E15 48.221
Il Gabbiano - Scalea N39 47.317 E15 47.650
International - Praia a Mare N39 52.916 E15 47.128
Internazionale - Diamante N39 43.675 E15 48.643
La Mantinera - Praia a Mare N39 52.577 E15 47.287
La Pantera Rosa - Scalea N39 48.634 E15 47.356
Lao - Scalea N39 46.682 E15 47.820
Mare Blu - Cucco-Riviere N39 42.167 E15 48.841
Moby Dick - Scalea N39 47.462 E15 47.617

Oliveto - Sapri N40 04.309 E15 36.713
Orchidea - Grisolia N39 44.572 E15 48.479
Pisacane - San Marco N40 04.236 E15 36.874
Porta Del Mare - Casabianca N40 04.589 E15 32.904
Scalea Mare - Scalea N39 46.950 E15 47.683
Villamare - Capitello N40 04.802 E15 34.543

Campings autour Paola

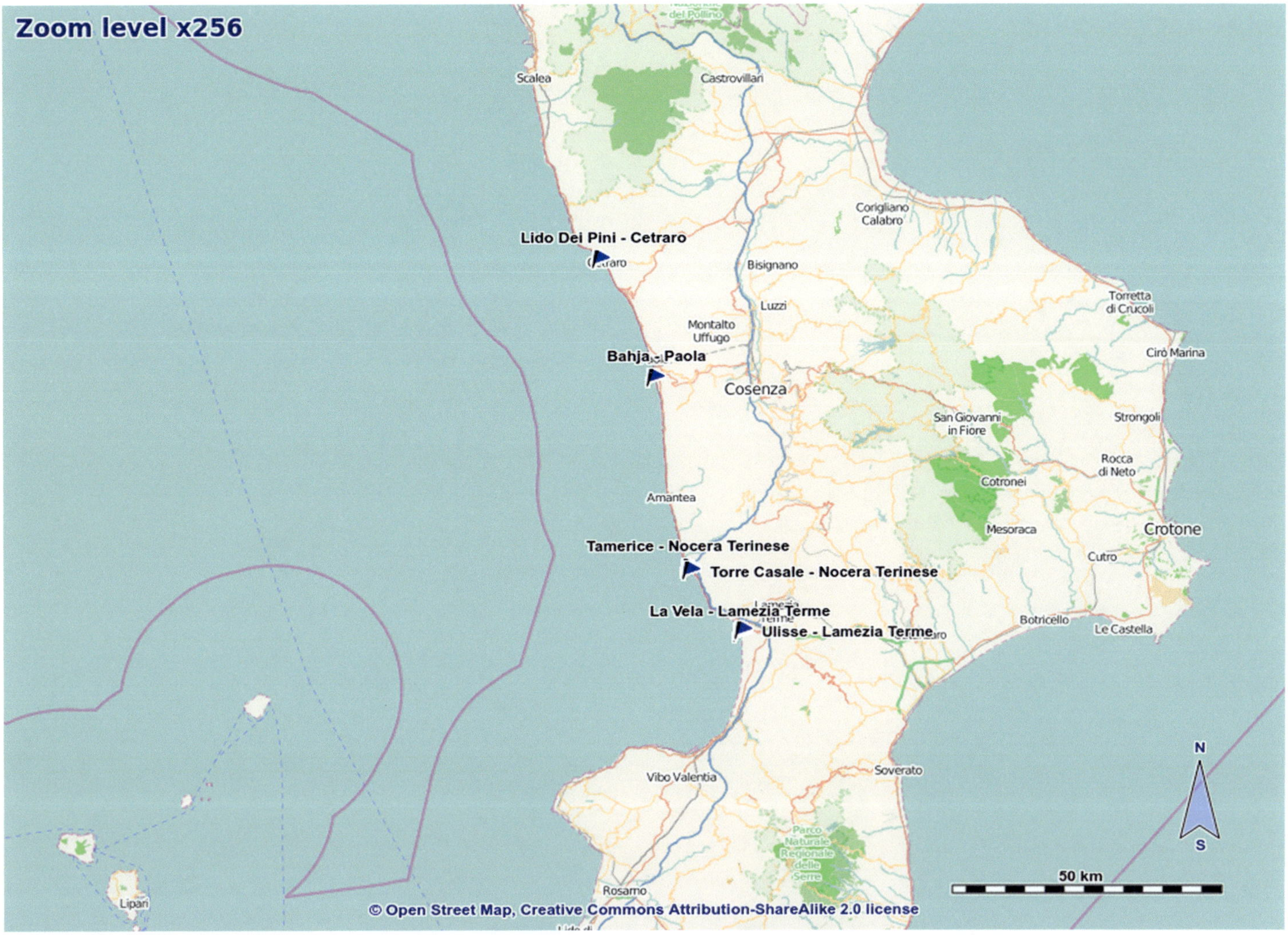

Bahja - Paola N39 19.702 E16 02.657
La Vela - Lamezia Terme N38 54.556 E16 13.375
Lido Dei Pini - Cetraro N39 31.302 E15 55.864
Tamerice - Nocera Terinese N39 01.058 E16 06.875
Torre Casale - Nocera Terinese N39 00.814 E16 07.068
Ulisse - Lamezia Terme N38 54.911 E16 13.401

Campings autour bei Tropea

Baia di Trainiti - Vibo Valentia Mar N38 43.131 E16 04.492
Calabria Verde - Zambrone N38 42.605 E15 58.241
Costa Verde - San Nicolo di Ricadi N38 38.297 E15 50.074
Eden - Porto Salvo N38 42.856 E16 04.558
Fiorina - Ricadi N38 38.113 E15 49.983
Il Calabriano - Zambrone N38 42.527 E15 58.263
Il Gabbiano - San Nicolo di Ricadi N38 38.237 E15 50.083
L Africano - Briatico N38 43.400 E16 01.483
La Scogliera - Faro Capo Vaticano N38 37.585 E15 49.830
Marco Polo - Ricadi N38 39.979 E15 52.031
Marina Del Convento - Tropea N38 40.646 E15 53.614

Napeto - Pizzo N38 44.953 E16 11.060
Sambalon - Zambrone-Vibo N38 42.366 E15 58.214
Sole Mare - Capo Vaticano N38 37.805 E15 49.967
Villaggio Dolomiti Sul Mare N38 43.097 E16 03.442

Campings autour Palmi

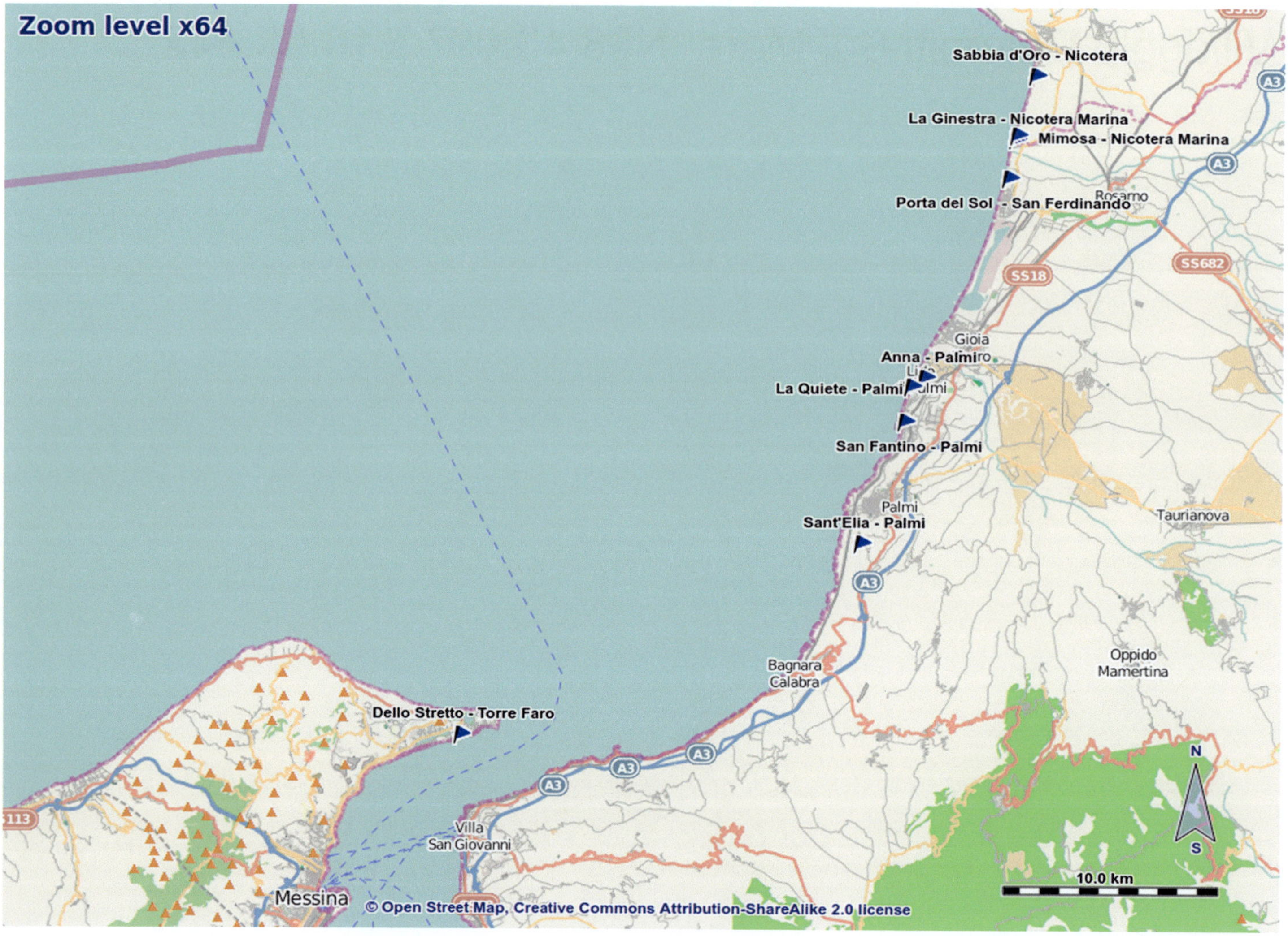

Anna - Palmi N38 24.614 E15 52.553
Dello Stretto - Torre Faro N38 15.710 E15 38.014
La Ginestra - Nicotera Marina N38 30.556 E15 55.348
La Quiete - Palmi N38 24.392 E15 52.152
Mimosa - Nicotera Marina N38 30.650 E15 55.384
Porta del Sol - San Ferdinando N38 29.586 E15 55.131
Sabbia d'Oro - Nicotera N38 32.127 E15 55.983
San Fantino - Palmi N38 23.516 E15 51.942
Sant'Elia - Palmi N38 20.498 E15 50.561

Campings autour Marina Palmese

Del Paradiso - Marina Palmense N43 08.501 E13 49.080
Gemma - Santa Maria a Mare N43 09.607 E13 48.496
Girasole - Marina Palmense N43 08.380 E13 49.162
Johnny - Marina Palmense N43 09.566 E13 48.510
La Capannia - Porto San Giorgio N43 09.604 E13 48.427
Quattro Cerchi - Fermo Lido N43 12.093 E13 47.350
Riva dei Pini - Fermo Lido N43 11.992 E13 47.396
Spinnaker - Santa Maria a Mare N43 09.562 E13 48.510
Valentina - Fermo Lido N43 11.967 E13 47.401
Verde Mare - Marina Palmense N43 08.575 E13 49.006

Campings autour Cupra Marittima

Calypso - Cupra Marittima N43 02.643 E13 51.222
Colle dei Pini - Cupra Marittima N43 01.198 E13 51.661
Fontana Marina - Campofilone N43 04.739 E13 50.660
Garden River - Altidona N43 06.111 E13 49.882
Il Frutteto - Cupra Marittima N43 02.527 E13 51.062
Led Zeppelin - Cupra Marittima N43 02.566 E13 51.242
Mirage - Marina di Altidona N43 07.603 E13 49.628
Oasi di Cupra - Cupra Marittima N43 01.800 E13 51.566
Riva Verde- Marina di Altidona N43 07.159 E13 49.861
Terrazzo sul Mare - Cupra N43 01.953 E13 51.386
Verde Cupra - Cupra Marittima N43 01.227 E13 50.954

Campings autour San Benedetto

Adriatico - Villa Rosa N42 50.682 E13 55.731
Del Salinello - Villa Rosa N42 51.623 E13 55.458
Delle Rose - Villa Rosa N42 50.717 E13 55.768
Don Diego - Grottammare N42 58.343 E13 52.639
Duca Amedeo - Martinsicuro N42 52.867 E13 55.248
Eucaliptus - Alba Adriatica N42 49.343 E13 55.798
Riva Nuova - Martinsicuro N42 52.823 E13 55.193
Roma - Alba Adriatica N42 49.482 E13 55.926
Seaside - San Benedetto N42 55.548 E13 53.838
Spiaggia d'Argento - Alba N42 49.857 E13 55.996

Villa Elena - Villa Rosa   N42 51.599 E13 55.399

Campings autour Gulia Nova

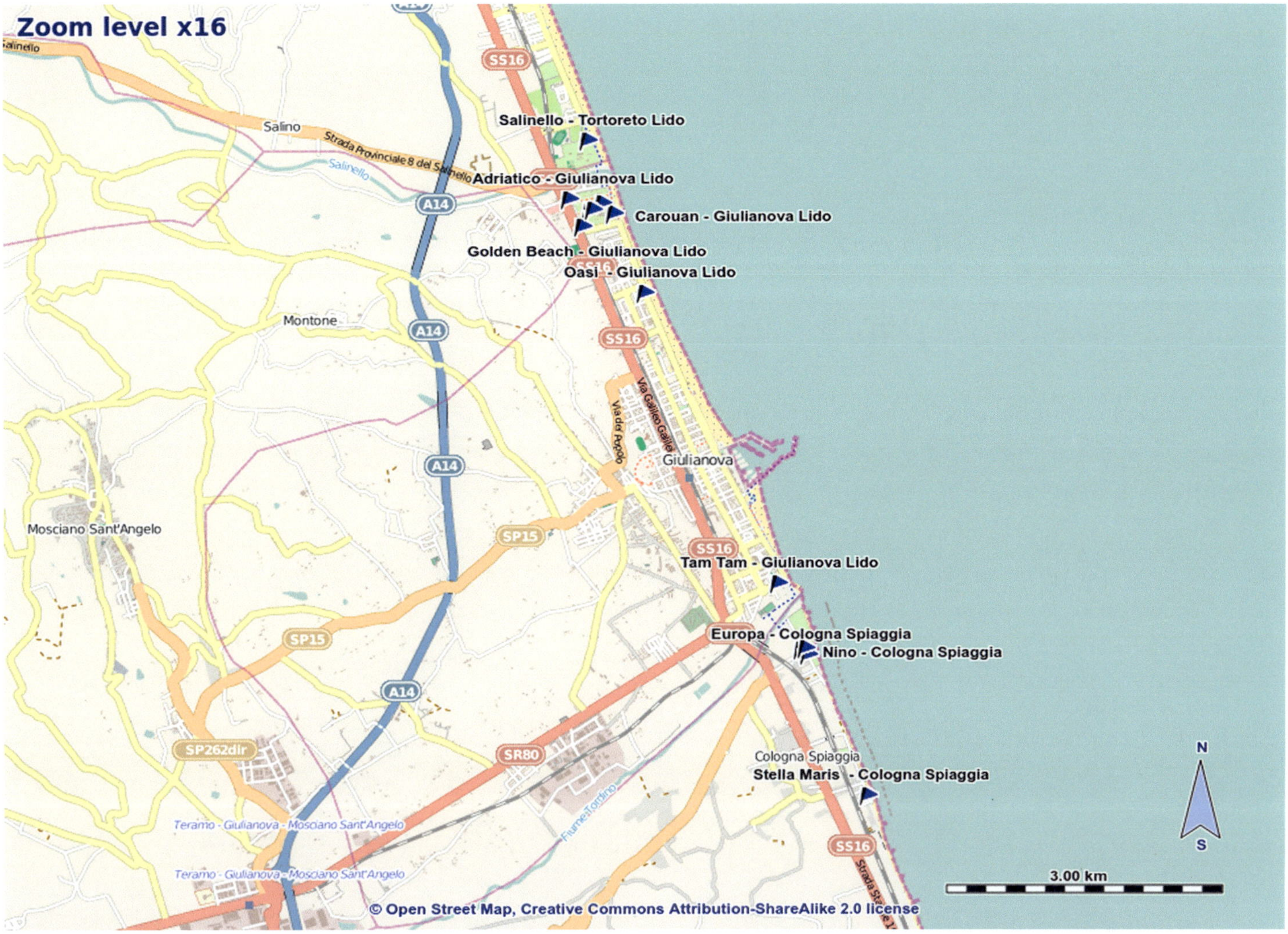

Adriatico - Giulianova Lido N42 46.717 E13 57.017
Carouan - Giulianova Lido N42 46.633 E13 57.367
Don Antonio - Giulianova Lido N42 46.654 E13 57.175
Europa - Cologna Spiaggia N42 44.071 E13 58.879
Europa - Giulianova N42 46.689 E13 57.275
Golden Beach - Giulianova Lido N42 46.555 E13 57.120
Holiday - Giulianova Lido N42 46.657 E13 57.201
Nino - Cologna Spiaggia N42 44.101 E13 58.828
Oasi - Giulianova Lido N42 46.168 E13 57.601
Salinello - Tortoreto Lido N42 47.051 E13 57.160
Stella Maris - Cologna Spiaggia N42 43.251 E13 59.349

Stork - Cologna Spiaggia	N42 44.107 E13 58.858
Tam Tam - Giulianova Lido	N42 44.480 E13 58.638

Campings autour Roseto

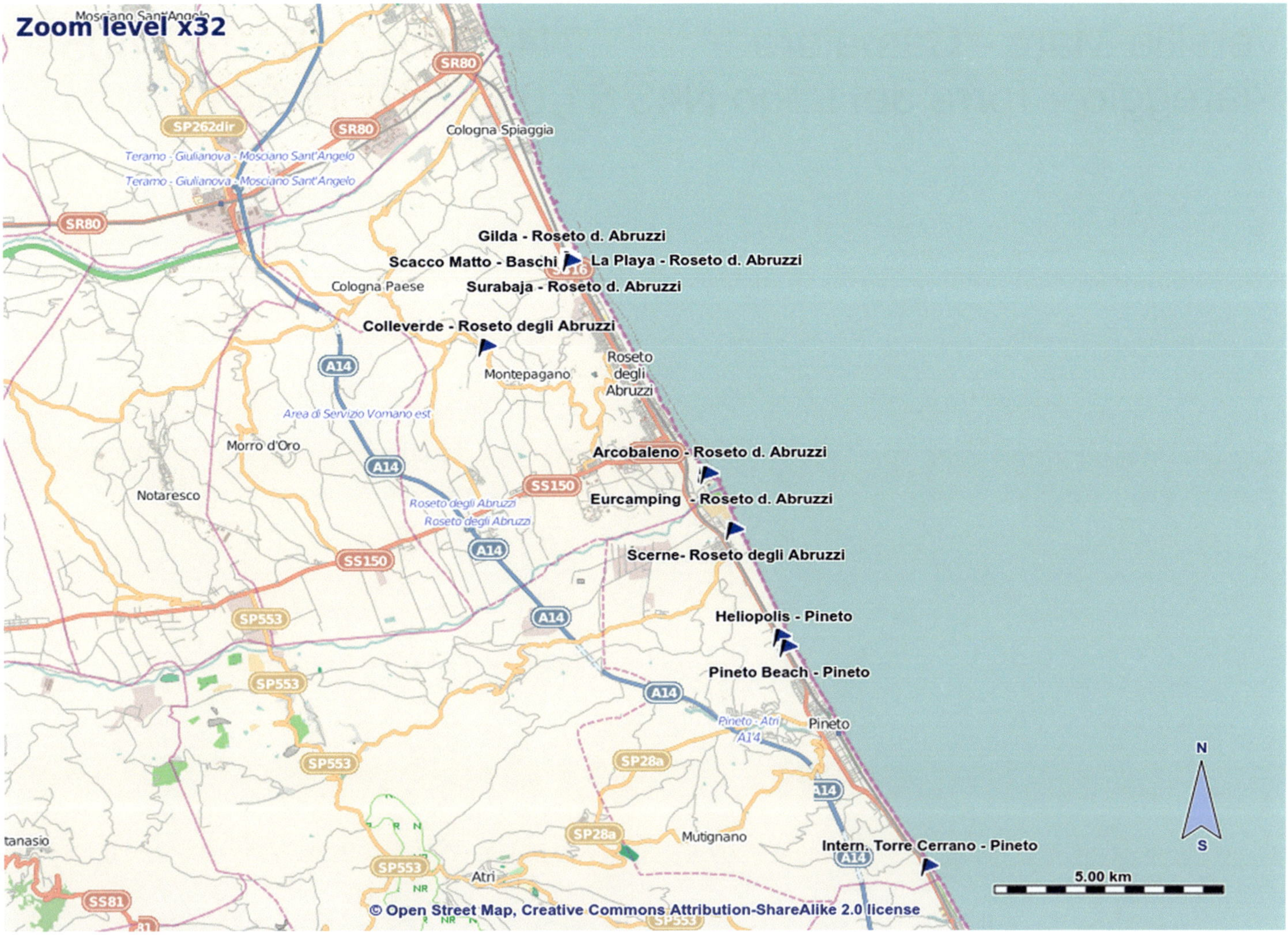

Arcobaleno - Roseto d. Abruzzi N42 39.473 E14 02.092
Colleverde - Roseto degli Abruzzi N42 40.939 E13 58.652
Eurcamping - Roseto d. Abruzzi N42 39.461 E14 02.116
Europe Garden - Silvi Marina N42 34.062 E14 05.556
Gilda - Roseto d. Abruzzi N42 41.985 E13 59.944
Heliopolis - Pineto N42 37.570 E14 03.262
Intern. Torre Cerrano - Pineto N42 34.891 E14 05.582
La Playa - Roseto d. Abruzzi N42 41.965 E13 59.961
Lake Placid - Silvi Marina N42 32.387 E14 07.831
Pineto Beach - Pineto N42 37.439 E14 03.365

Scacco Matto - Baschi N42 41.949 E13 59.965
Scerne- Roseto degli Abruzzi N42 38.802 E14 02.524
Surabaja - Roseto d. Abruzzi N42 41.927 E13 59.980
Versilia Mare - Camaiore N43 54.454 E10 13.405
Viareggio - Torre del Lago N43 51.063 E10 15.581

Campings autour Ortona

Acobaleno - Ortona N42 22.735 E14 22.191
Borghetti - Ortona N42 22.717 E14 22.273
Costa d'Argento - Marina di S. Vito N42 18.479 E14 26.545
Francavilla - Francavilla al Mare N42 24.370 E14 19.010
La Foce - Vallevo N42 16.613 E14 29.573
La Fornace - Marina di S. Vito N42 18.333 E14 26.968
La Sorgente - Ortona N42 22.918 E14 21.772
Onda Azzurra - Lido Riccio N42 22.700 E14 22.324
Paola - Francavilla al Mare N42 24.260 E14 19.211
Ripari di Giobbe - Ortona a Mare N42 22.222 E14 23.608
Torre Mucchia - Ortona N42 22.509 E14 22.480

Campings autour Vasto Marina

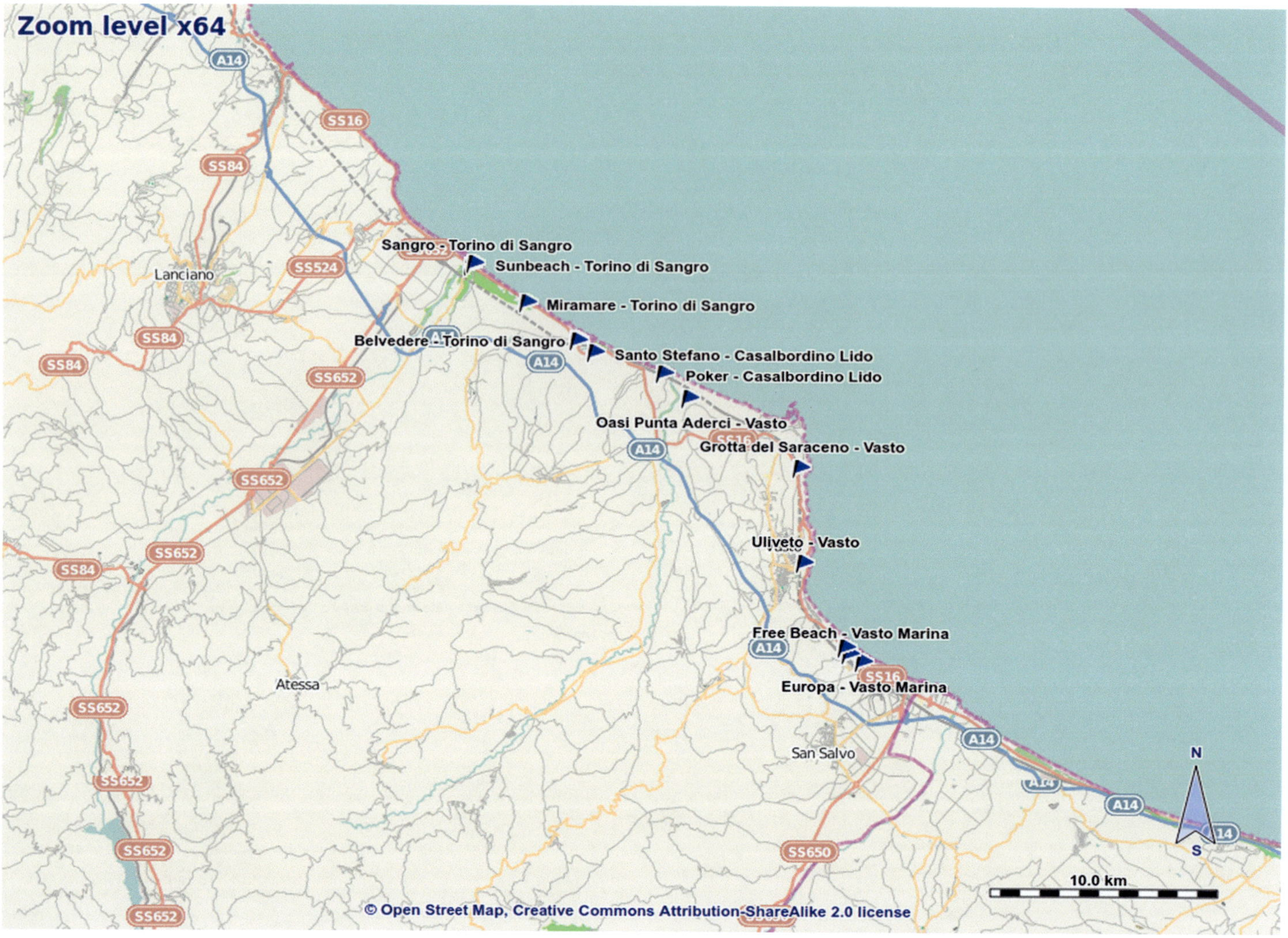

Belvedere - Torino di Sangro N42 12.260 E14 35.921
Europa - Vasto Marina N42 04.718 E14 44.917
Free Beach - Vasto Marina N42 04.884 E14 44.489
Grotta del Saraceno - Vasto N42 09.258 E14 42.934
Il Pioppeto - Vasto Marina N42 05.056 E14 44.368
Le Morge - Torino di Sangro N42 12.236 E14 35.919
Miramare - Torino di Sangro N42 13.109 E14 34.337
Oasi Punta Aderci - Vasto N42 10.883 E14 39.433
Poker - Casalbordino Lido N42 11.464 E14 38.645
Sangro - Torino di Sangro N42 13.979 E14 32.594
Santo Stefano - Casalbordino N42 11.947 E14 36.441

Sunbeach - Torino di Sangro N42 14.029 E14 32.677
Uliveto - Vasto N42 07.022 E14 43.063

Campings autour Termoli

Azzurra - Termoli	N41 59.788 E14 59.553
Blue Park - Marina di Petacciato	N42 02.546 E14 49.738
Corrado - Campomarino-Lido	N41 56.256 E15 05.082
Costa Verde - Marina Montenero	N42 03.934 E14 47.483
Eden International - Petacciato	N42 00.461 E14 51.664
Gabbiano - Marina Montenero	N42 03.909 E14 46.786
Happy Day - Campomarino-Lido	N41 57.124 E15 03.709
La Pineta - Campomarino-Lido	N41 56.304 E15 04.896
Lianna - Marina Montenero	N42 03.884 E14 47.326
Marinelle - Campomarino-Lido	N41 56.243 E15 05.141
Maronda - Marina Montenero	N42 03.781 E14 47.533

Molise - Marina Montenero N42 03.891 E14 46.816
Sabbia d'Oro - Marina Montenero N42 03.872 E14 46.851
Smeraldo - Campomarino-Lido N41 56.971 E15 03.907

Campings autour Cagnano

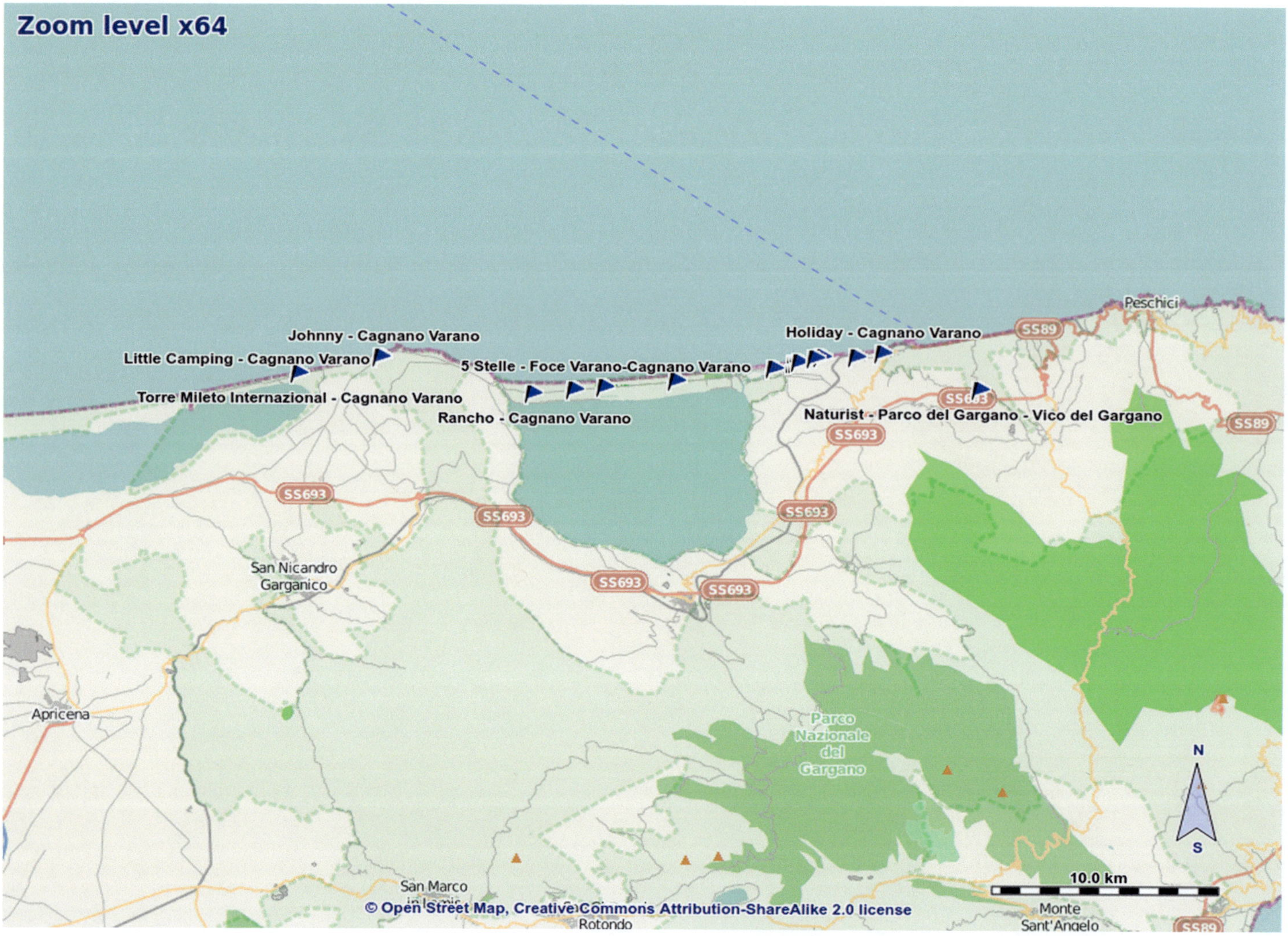

5 Stelle -Foce Varano-Cagnano N41 54.759 E15 43.760
Holiday - Cagnano Varano N41 55.565 E15 52.436
Johnny - Cagnano Varano N41 55.456 E15 36.704
La Perla Del Gargano - Cagnano N41 55.208 E15 49.064
Lido Del Gargano - Cagnano N41 55.324 E15 49.697
Lido Del Mare - Cagnano N41 55.333 E15 49.769
Little Camping - Cagnano N41 55.448 E15 36.682
Naturist - Parco del Gargano - Vico N41 54.709 E15 55.509
Rancho - Cagnano Varano N41 54.600 E15 41.500
Ripa - Cagnano Varano N41 55.483 E15 51.648
Riviera - Cagnano Varano N41 54.693 E15 42.803

Serenella - Cagnano Varano N41 55.350 E15 49.867
Siesta - Cagnano Varano N41 55.492 E15 50.546
Stella Del Sud - Cagnano Varano N41 55.452 E15 50.366
Torre Mileto Internazional - Cagnano N41 55.061 E15 34.075
Uria - Cagnano Varano N41 54.900 E15 46.033

Campings autour Peschici

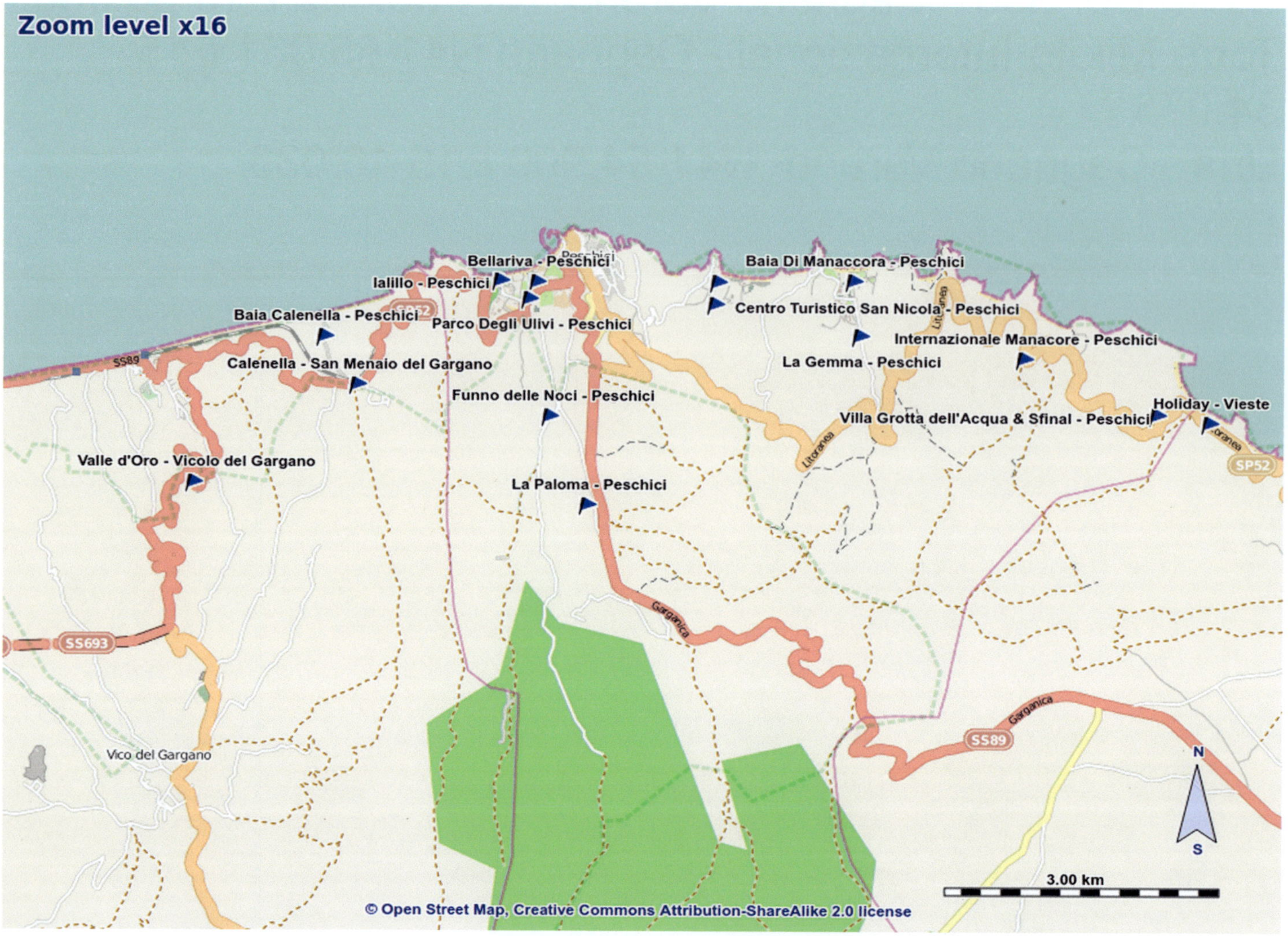

Baia Calenella - Peschici N41 56.362 E15 58.752
Baia Di Manaccora - Peschici N41 56.693 E16 02.915
Baia San Nicola - Peschici N41 56.684 E16 01.861
Bellariva - Peschici N41 56.684 E16 00.440
Calenella - San Menaio N41 56.081 E15 59.014
Centro Turistico San Nicola - Peschici N41 56.555 E16 01.834
Funno delle Noci - Peschici N41 55.896 E16 00.542
Holiday - Vieste N41 55.864 E16 05.699
Ialillo - Peschici N41 56.689 E16 00.148

Internazionale Manacore - Peschici N41 56.240 E16 04.252
La Gemma - Peschici N41 56.371 E16 02.966
La Paloma - Peschici N41 55.376 E16 00.842
Parco Degli Ulivi - Peschici N41 56.584 E16 00.370
Valle d'Oro - Vicolo del Gargano N41 55.502 E15 57.722
Villa Grotta dell'Acqua & Sfinal - Peschici N41 55.907 E16 05.291

Campings autour Vieste

Baia dei Lombardi - Santa Maria N41 55.244 E16 06.554
Baia Del Falcone - Molinella N41 54.634 E16 08.134
Capo Vieste - Vieste N41 55.488 E16 06.339
Le Diomedee - Vieste N41 54.721 E16 07.443
Merino - Montincello N41 54.822 E16 06.828
Oasi - Molinella N41 54.662 E16 07.754
Oriente - Montincello N41 54.691 E16 07.155
Scialmarino - Molinella N41 54.623 E16 07.971
Terrazza Sul Mare - Montincello N41 54.835 E16 06.337
Terrazza sul Mare - Vieste N41 54.670 E16 07.222
Touring - Montincello N41 54.709 E16 07.409

Umbramare - Vieste	N41 54.935 E16 06.992
Vieste Marina - Vieste	N41 54.707 E16 07.546

Campings autour Vieste Süd

Adriatico - Vieste N41 51.548 E16 10.445

Apeneste - Vieste N41 52.538 E16 10.550

Baia degli Aranci - Vieste N41 53.224 E16 09.981

Baia e Cala Campi - Vieste N41 48.980 E16 11.572

Baia San Felice - Vieste N41 49.646 E16 11.264

Baia Turchese - Vieste N41 53.093 E16 10.420

Eden Garden - Vieste N41 50.611 E16 10.853

La Canzone Del Mare - San Lorenzo N41 53.526 E16 09.634

La Giara - Molinella N41 54.241 E16 09.036

Lama le Canne - Vieste N41 50.226 E16 10.975

Molinella - Molinella	N41 54.441 E16 09.031
Punta Lunga - Vieste	N41 53.940 E16 08.980

Campings Golfo di Manfredonia

Baia Del Monaco - Manfredonia N41 39.529 E15 58.530
Cervo - Trinitapoli N41 27.499 E15 57.468
Degli Ulivi - Mattinata N41 42.524 E16 03.986
Fontana Delle Rose - Mattinata N41 44.020 E16 06.886
Ippocampo - Manfredonia N41 30.590 E15 54.752
La Bussola - Manfredonia N41 32.884 E15 53.767
Lido Salpi - Manfredonia N41 33.319 E15 53.735
Mattinata - Mattinata N41 42.266 E16 04.084
Tellina Manfredonia N41 33.169 E15 53.312
Vignanotica - Torre del Segnale N41 45.635 E16 09.552

Campings autour Bari

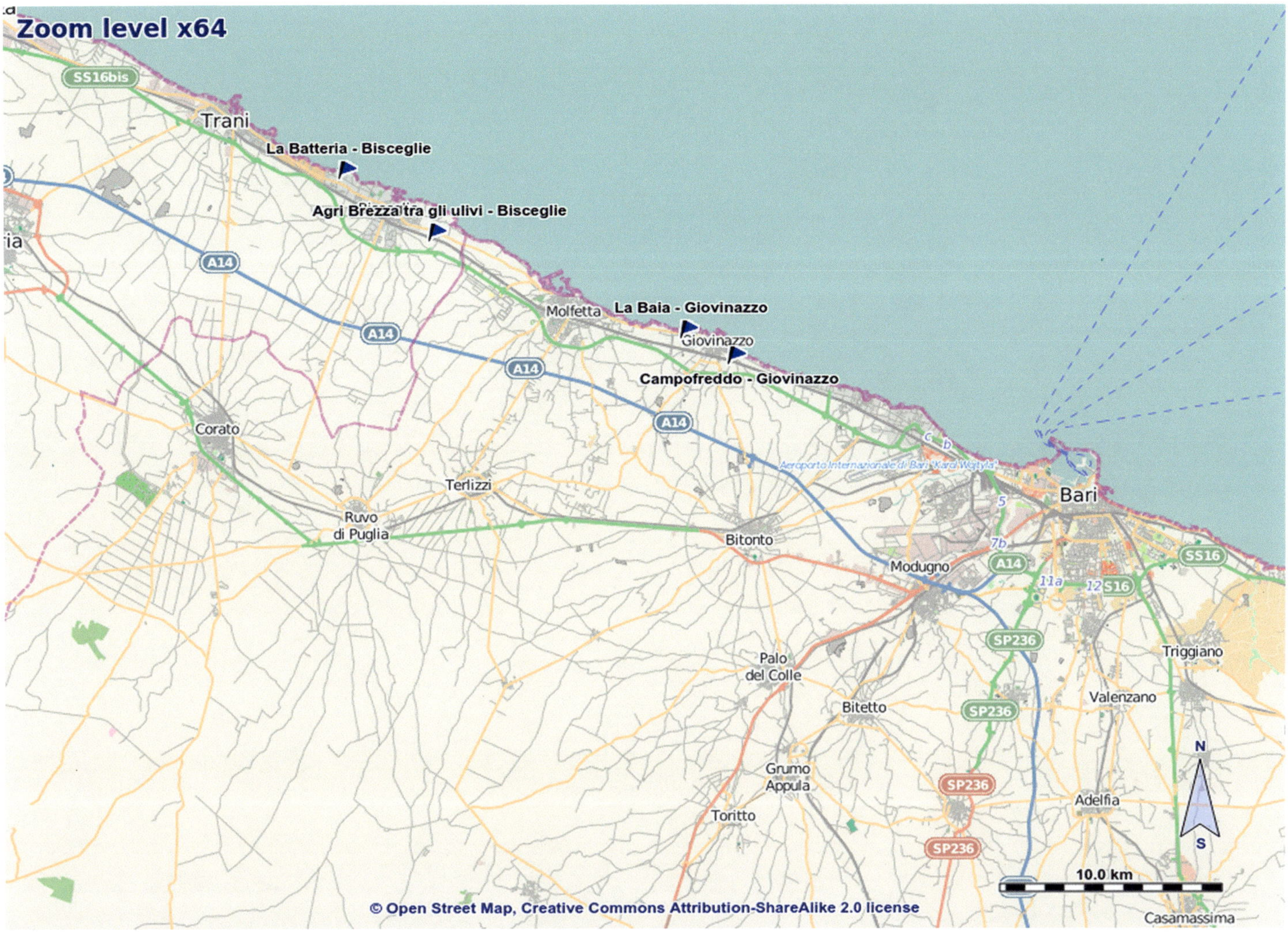

Agri Brezza tra gli ulivi - Bisceglie N41 13.834 E16 31.637
Campofreddo - Giovinazzo N41 10.891 E16 40.933
La Baia - Giovinazzo N41 11.500 E16 39.451
La Batteria - Bisceglie N41 15.314 E16 28.835

Campings autour Monopoli

Atlantide - Capitolo N40 54.794 E17 20.626
Bahia - Lido di Specchiolla N40 44.755 E17 42.885
Bosco Selva - Alberobello N40 46.260 E17 14.186
Cala dei Ginepri - Ostuni N40 45.864 E17 39.019
Costa Merlata - Ostuni N40 46.593 E17 38.371
Dei Trulli - Alberobello N40 48.104 E17 14.980
Il Pilone - Ostuni N40 48.205 E17 32.345
Lamaforca - Carovigno N40 45.972 E17 40.615
Meditur - Lido di Specchiolla N40 43.421 E17 45.571
Oasi Le Dune - Fasano N40 49.493 E17 29.015
Pineta al Mare - Specchiolla N40 44.464 E17 44.191

Santo Stefano - Monopoli N40 55.591 E17 19.933
Torre Pozzelle - Ostuni N40 46.053 E17 39.800

Campings autour Lecce

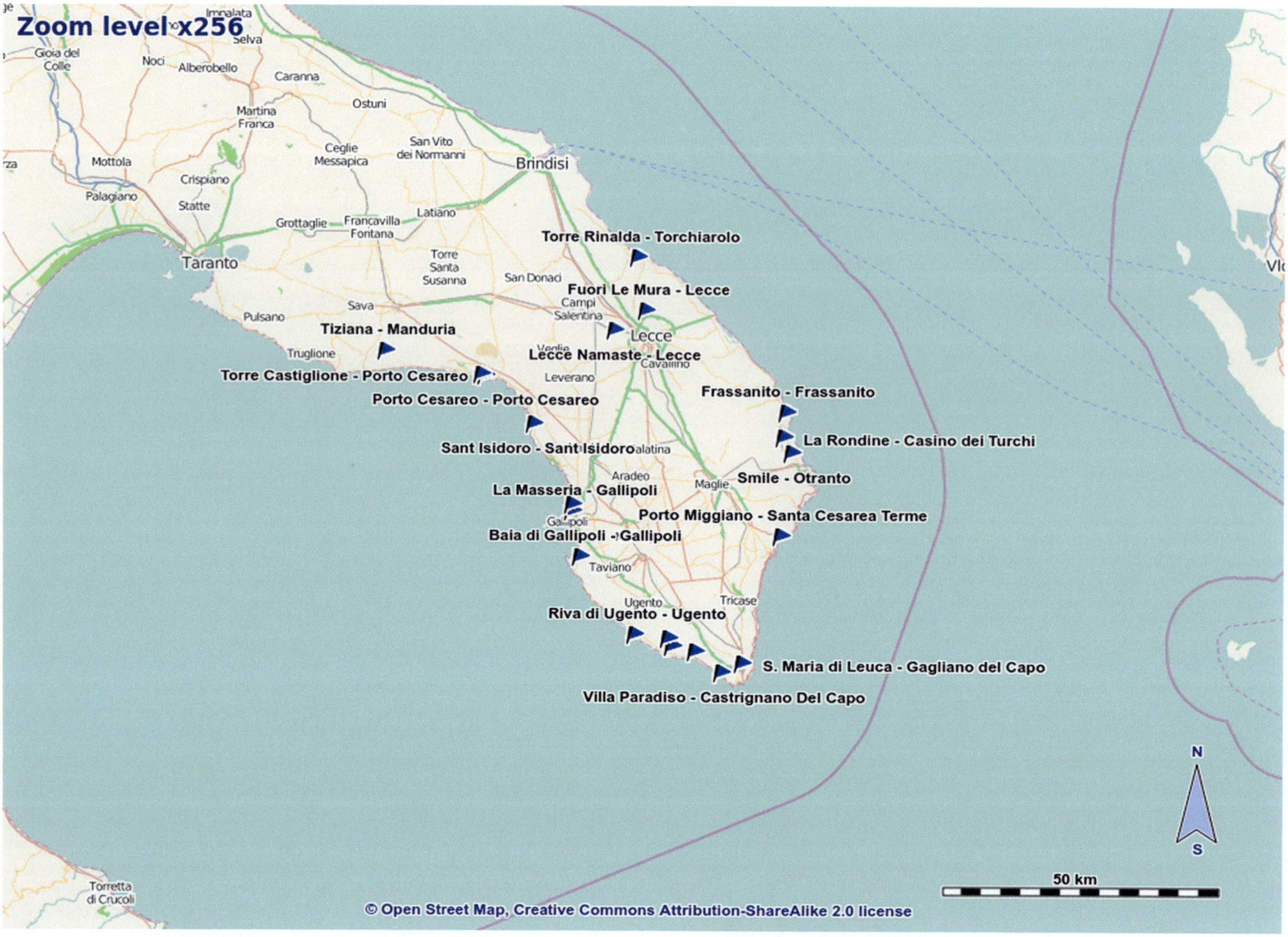

Baia di Gallipoli -†Gallipoli N39 59.921 E18 01.583
Frassanito - Frassanito N40 13.950 E18 27.484
Fuori Le Mura - Lecce N40 23.633 E18 09.850
Grottapescoluse - Pescoluse N39 50.706 E18 16.042
Jonian - Salve N39 51.172 E18 13.375
La Masseria - Gallipoli N40 04.372 E18 00.591
La Rondine - Casino dei Turchi N40 11.515 E18 27.211
La Vecchia Torre - Gallipoli N40 04.960 E18 00.673
Lecce Namaste - Lecce N40 21.850 E18 05.933
Porto Cesareo - Porto Cesareo N40 17.423 E17 49.637
Porto Miggiano - Santa Cesarea N40 01.984 E18 26.822

Riva di Ugento -Ugento N39 52.381 E18 08.558
S. Maria di Leuca - Gagliano N39 49.494 E18 22.113
Sant Isidoro - Sant Isidoro N40 12.821 E17 55.600
Smile - Otranto N40 09.964 E18 28.079
Specolizzi - Masseria Spigolizzi N39 52.000 E18 12.750
Tiziana - Manduria N40 19.808 E17 36.827
Torre Castiglione - Porto Cesareo N40 17.516 E17 49.084
Torre Rinalda - Torchiarolo N40 28.856 E18 08.797
Villa Paradiso - Castrignano N39 48.598 E18 19.347

Campings autour Taranto

Agrituristica San Marco N40 27.424 E16 45.535
Azienda - Matera N40 39.128 E16 36.455
Castroboleto - Rocca Imperiale N40 07.213 E16 38.584
Columbia - Montegiordano N40 02.446 E16 35.855
Heraclea - Policoro N40 11.390 E16 42.758
Internazionale - Marina di Ginosa N40 25.413 E16 53.069
Internazionale - Metaponto N40 21.517 E16 50.041
Kammel - Metaponto N40 21.404 E16 49.942
Le Due Barche - Scanzano Jonico N40 14.887 E16 44.969
Metapontum - Metaponto N40 21.266 E16 49.283
Mondial Camping - Metaponto N40 22.033 E16 50.417

Porto Pirrone - Saturo N40 22.234 E17 18.706
Riva Dei Greci - Metaponto N40 22.473 E16 50.320
Santa Maria - Montegiordano N40 01.791 E16 36.203
Santomaj - Talsano N40 22.904 E17 17.497
Soleado - Rocca Imperiale N40 07.378 E16 38.730
Sun Bay - San Vito N40 24.583 E17 13.117
Verde Mare - Tarente N40 31.429 E17 06.725

Campings autour Corigliano

Capo Trionto - Rossano N39 36.767 E16 43.927
Da Mario - Mandatoriccio N39 31.384 E16 53.911
Del Levante - Marina Schiavonea N39 40.752 E16 31.304
Due Elle - Marina Schiavonea N39 40.573 E16 31.450
Il Plingo - Villapiana N39 49.733 E16 30.176
Il Salice - Marina Schiavonea N39 40.877 E16 31.281
Irene - Pietrapaola N39 32.886 E16 50.930
Le Casette - Torre Melissa N39 18.869 E17 06.505
Marina di Rossano - Sant' Angelo N39 36.866 E16 39.092
Mille Pini - Bruscata Grande N39 45.817 E16 28.933
Onda Azzurra - Schiavonea N39 42.175 E16 31.542

Oriental Park - Rossano	N39 37.185 E16 37.736
Pineta di Sibari - Sibari	N39 46.781 E16 28.766
Pitagora - Rossano	N39 37.082 E16 40.748
Punta Alice - Ciro Marina	N39 23.116 E17 08.563
Raganello - Fuscolaro	N39 46.600 E16 28.850
Thurium - Marina Schiavonea	N39 41.478 E16 31.339
Torrenova - Ciro Marina	N39 21.283 E17 07.766
Vascellero - Cariati	N39 29.161 E16 59.875

Campings autour Crotone

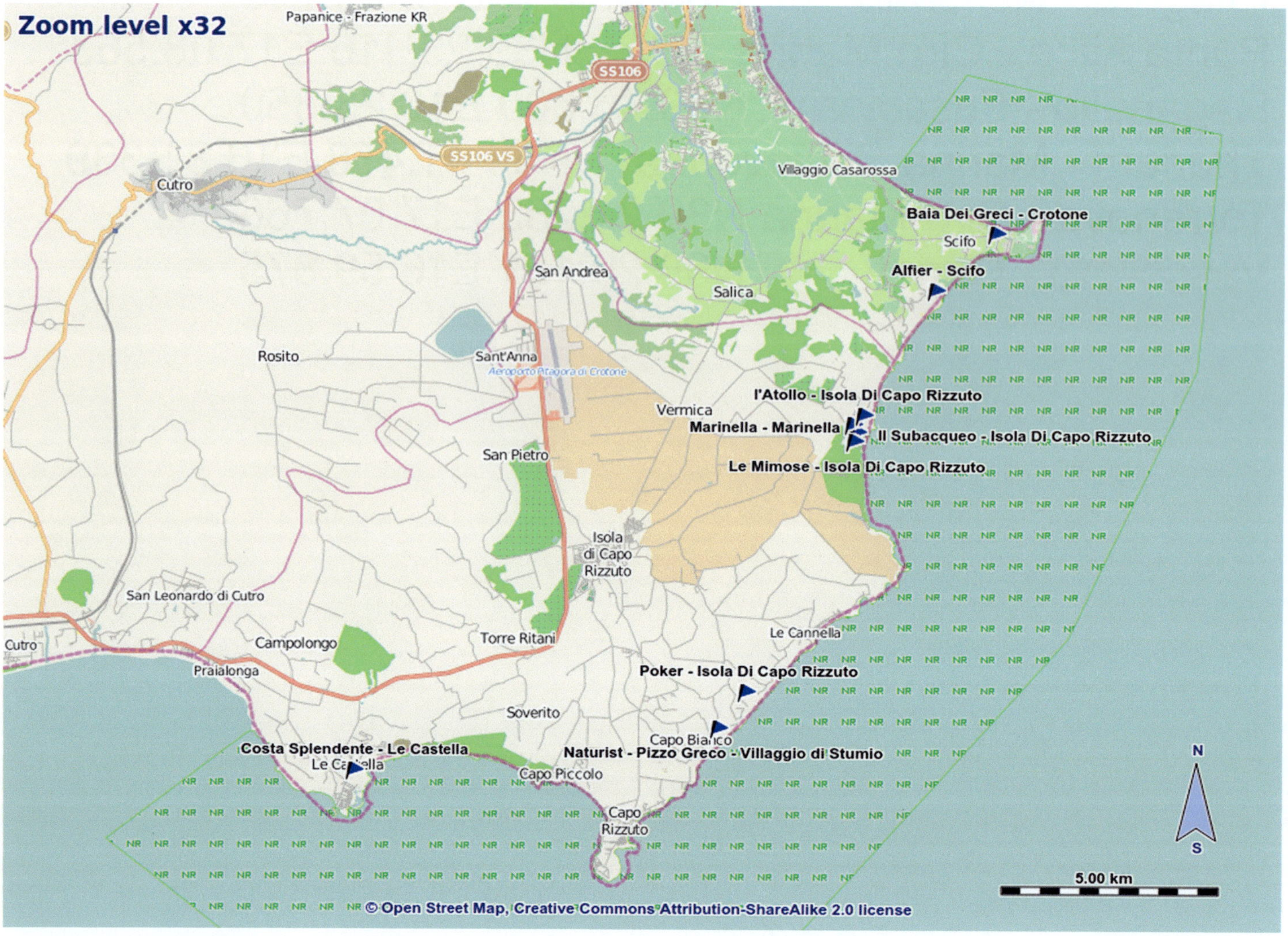

Alfier - Scifo N39 00.823 E17 10.724
Baia Dei Greci - Crotone N39 01.536 E17 11.671
Costa Splendente - Le Castella N38 54.907 E17 01.610
Il Subacqueo - Isola Di Capo N38 59.083 E17 09.518
l'Atollo - Isola Di Capo Rizzuto N38 59.297 E17 09.611
Le Mimose - Isola Di Capo Rizzuto N38 58.970 E17 09.467
Marinella - Marinella N38 59.178 E17 09.444
Naturist - Pizzo Greco - Stumio N38 55.423 E17 07.364
Poker - Isola Di Capo Rizzuto N38 55.874 E17 07.798

Campings Golfo di Squilace

Agri Acqua di Friso - Cropani N38 55.796 E16 48.910
Cala Landrusa - Guardavalle N38 30.107 E16 34.651
Calabrisella - Catanzaro N38 47.663 E16 35.308
Cammellogrigio - Roccelletta N38 48.466 E16 36.041
Costa Blu - Sellia Marina N38 53.590 E16 45.833
Faro Punta Stilo - Guardavalle N38 28.255 E16 34.809
Il Grecale - Sellia Marina N38 53.198 E16 45.034
l'Aranceto - Davoli N38 39.581 E16 32.939
La Calabrisella - Marina di Davoli N38 40.050 E16 31.984
La Rocca - Badolato N38 35.275 E16 33.949
Le Pagode - Sellia Marina N38 53.782 E16 46.022

Lungomare - Cropani N38 54.540 E16 48.568
Mare Azzurro - Cropani N38 54.454 E16 48.445
Mimosa - Isca sullo Ionio N38 36.286 E16 33.895
Oasi - Badolato N38 34.851 E16 34.073
Poseidon - Santa Caterina N38 32.837 E16 34.228
Riva Del Sole - Santa Caterina N38 30.778 E16 34.416
Sagapo - Sellia Marina N38 53.519 E16 45.809

Campings autour Siderno

Afrodite - Caulonia N38 20.320 E16 27.722
Calypso - Caulonia Marina N38 21.296 E16 29.050
Helios - Portigliola N38 12.026 E16 13.865
Sud - Siderno N38 15.372 E16 17.024

Printed in France by Amazon
Brétigny-sur-Orge, FR

33286641R00045